Platon

Le Sophiste

Dialogue platonicien

ISBN : 978-3-96787-368-9

10 9 8 7 6 5 4 3 2 1

Platon

Le Sophiste

Dialogue platonicien

Table de Matières

Notice sur la vie de Platon

Platon naquit à Athènes en l'an 428-427 av. J.-C. dans le dème de Collytos. D'après Diogène Laërce, son père Ariston descendait de Codros. Sa mère Périctionè, sœur de Charmide et cousine germaine de Critias, le tyran, descendait de Dropidès, que Diogène Laërce donne comme un frère de Solon. Platon avait deux frères aînés, Adimante et Glaucon, et une sœur, Potonè, qui fut la mère de Speusippe. Son père Ariston dut mourir de bonne heure ; car sa mère se remaria avec son oncle Pyrilampe, dont elle eut un fils, Antiphon. Quand Platon mourut, il ne restait plus de la famille qu'un enfant, Adimante, qui était sans doute le petit-fils de son frère. Platon l'institua son héritier, et nous le retrouvons membre de l'Académie sous Xénocrate ; la famille de Platon s'éteignit probablement avec lui ; car on n'en entend plus parler.

La coutume voulait qu'un enfant portât le nom de son grand-père, et Platon aurait dû s'appeler comme lui Aristoclès. Pourquoi lui donna-t-on le nom de Platon, d'ailleurs commun à cette époque ? Diogène Laërce rapporte qu'il lui fut donné par son maître de gymnastique à cause de sa taille ; mais d'autres l'expliquent par d'autres raisons. La famille possédait un domaine près de Képhisia, sur le Céphise, où l'enfant apprit sans doute à aimer le calme des champs, mais il dut passer la plus grande partie de son enfance à la ville pour les besoins de son éducation. Elle fut très soignée, comme il convenait à un enfant de haute naissance. Il apprit d'abord à honorer les dieux et à observer les rites de la religion, comme on le faisait dans toute bonne maison d'Athènes, mais sans mysticisme, ni superstition d'aucune sorte. Il gardera toute sa vie ce respect de la religion et l'imposera dans ses *Lois*. Outre la gymnastique et la musique, qui faisaient le fond de l'éducation athénienne, on prétend qu'il étudia aussi le dessin et la peinture. Il fut initié à la philosophie par un disciple d'Héraclite, Cratyle, dont il a donné le nom à un de ses traités. Il avait de grandes dispositions pour la poésie. Témoin des succès d'Euripide et d'Agathon, il composa lui aussi des tragédies, des poèmes lyriques et des dithyrambes.

Vers l'âge de vingt ans, il rencontra Socrate. Il brûla, dit-on, ses tragédies, et s'attacha dès lors à la philosophie. Socrate s'était dévoué à enseigner la vertu à ses concitoyens : c'est par la réforme des individus qu'il voulait procurer le bonheur de la cité. Ce fut aussi le but que s'assigna Platon, car, à l'exemple de son cousin Critias et de son oncle Charmide, il songeait à se lancer dans la carrière politique ; mais les excès des Trente lui firent horreur. Quand Thrasybule eut rétabli la constitution démocratique, il se sentit de nouveau, quoique plus mollement, pressé de se mêler des affaires de l'État. La condamnation de Socrate l'en dégoûta. Il attendit en vain une amélioration des mœurs politiques ; enfin, voyant que le mal était incurable, il renonça à prendre part aux affaires ; mais le perfectionnement de la cité n'en demeura pas moins sa grande préoccupation, et il travailla plus que jamais à préparer par ses ouvrages un état de choses où les philosophes, devenus les précepteurs et les gouverneurs de l'humanité, mettraient fin aux maux dont elle est accablée.

Il était malade lorsque Socrate but la ciguë, et il ne put assister à ses derniers moments. Après la mort de son maître, il se retira à Mégare, près d'Euclide et de Terpsion, comme lui disciples de Socrate. Il dut ensuite revenir à Athènes et servir, comme ses frères, dans la cavalerie. Il prit, dit-on, part aux campagnes de 395 et de 394, dans la guerre dite de Corinthe. Il n'a jamais parlé de ses services militaires, mais il a toujours préconisé les exercices militaires pour développer la vigueur.

Le désir de s'instruire le poussa à voyager. Vers 390, il se rendit en Égypte, emmenant une cargaison d'huile pour payer son voyage. Il y vit des arts et des coutumes qui n'avaient pas varié depuis des milliers d'années. C'est peut-être au spectacle de cette civilisation fidèle aux antiques traditions qu'il en vint à penser que les hommes peuvent être heureux en demeurant attachés à une forme immuable de vie, que la musique et la poésie n'ont pas besoin de créations nouvelles, qu'il suffit de trouver la meilleure constitution et qu'on peut forcer les peuples à s'y tenir.

D'Égypte, il se rendit à Cyrène, où il se mit à l'école du mathématicien Théodore, dont il devait faire un des interlocuteurs du *Théétète*. De Cyrène, il passa en Italie, où il se lia d'amitié avec les pythagoriciens Philolaos, Archytas et Timée. Il n'est pas sûr que ce soit à eux qu'il ait pris sa croyance à la migration des âmes ; mais il leur doit l'idée de l'éternité de l'âme, qui devait devenir la pierre angulaire de sa philosophie ; car elle lui fournit la solution du problème de la connaissance. Il approfondit aussi parmi eux ses connaissances en arithmétique, en astronomie et en musique.

D'Italie, il se rendit en Sicile. Il vit Catane et l'Etna. À Syracuse, il assista aux farces populaires et acheta le livre de Sophron, auteur de farces en prose. Il fut reçu à la cour de Denys comme un étranger de distinction et il gagna à la philosophie Dion, beau-frère du tyran. Mais il ne s'accorda pas longtemps avec Denys, qui le renvoya sur un vaisseau en partance pour Égine, alors ennemie d'Athènes. Si, comme on le rapporte, il le livra au Lacédémonien Pollis, c'était le livrer à l'ennemi. Heureusement il y avait alors à Égine un Cyrénéen, Annikéris, qui reconnut Platon et le racheta pour vingt mines. Platon revint à Athènes, vraisemblablement en 388. Il avait quarante ans.

La guerre durait encore ; mais elle allait se terminer l'année suivante par la paix d'Antalkidas. À ce moment, Euripide était mort et n'avait pas eu de successeur digne de lui. Aristophane venait de faire jouer son dernier drame, remanié, le *Ploutos,* et le théâtre comique ne devait retrouver son éclat qu'avec Ménandre. Mais si les grands poètes faisaient défaut, la prose jetait alors un vif éclat avec Lysias, qui écrivait des plaidoyers et en avait même composé un pour Socrate, et Isocrate, qui avait fondé une école de rhétorique. Deux disciples de Socrate, Eschine et Antisthène, qui tous deux avaient défendu le maître, tenaient école et publiaient des écrits goûtés du public. Platon, lui aussi, se mit à enseigner ; mais au lieu de le faire en causant, comme son maître, en tous lieux et avec tout le monde, il fonda une sorte d'école à l'image des sociétés pythagoriciennes. Il acheta un petit terrain dans le voisinage du gymnase d'Académos, près de Colone, le village natal de Sophocle. De là le nom d'Académie qui fut donné à l'école de Platon. Ses disciples formaient une réunion d'amis, dont le président était choisi par les jeunes et dont les membres payaient sans doute une cotisation.

Nous ne savons rien des vingt années de la vie de Platon qui s'écoulèrent entre son retour à Athènes et son rappel en Sicile. On ne rencontre même dans ses œuvres aucune allusion aux événements contemporains, à la reconstitution de l'empire maritime d'Athènes, aux succès de Thèbes avec Épaminondas, à la décadence de Sparte. Denys l'Ancien étant mort en 368, Dion, qui comptait gouverner l'esprit de son successeur, Denys le Jeune, appela Platon à son aide. Il rêvait de transformer la tyrannie en royauté constitutionnelle, où la loi et la liberté régneraient ensemble. Son appel surprit Platon en plein travail ; mais le désir de jouer un rôle politique et d'appliquer son système l'entraîna. Il se mit en route en 366, laissant à Eudoxe la direction de son école. Il gagna en passant l'amitié d'Archytas, mathématicien philosophe qui gouvernait Tarente. Mais quand il arriva à Syracuse, la situation avait changé. Il fut brillamment reçu par Denys, mais mal vu des partisans de la tyrannie et en particulier de Philistos, qui était rentré à Syracuse après la mort de Denys l'Ancien. En outre, Denys s'étant aperçu que Dion voulait le tenir en tutelle, le bannit de Syracuse. Tandis que Dion s'en allait vivre à Athènes, Denys retenait Platon, sous prétexte de recevoir ses leçons, pendant tout l'hiver. Enfin quand la mer redevint navigable, au printemps de l'année 365, il l'autorisa à partir sous promesse de revenir avec Dion. Ils se séparèrent amicalement, d'autant mieux que Platon avait ménagé à Denys l'alliance d'Archytas de Tarente.

De retour à Athènes, Platon y trouva Dion qui menait une vie fastueuse. Il reprit son enseignement. Cependant Denys avait pris goût à la philosophie. Il avait appelé à sa cour deux disciples de Socrate, Eschine et Aristippe de Cyrène, et il désirait revoir Platon. Au printemps de 361, un vaisseau de guerre vint au Pirée. Il était commandé par un envoyé du tyran, porteur de lettres d'Archytas et de Denys, où Archytas lui garantissait sa sûreté personnelle, et Denys lui faisait entrevoir le rappel de Dion pour l'année suivante. Platon se rendit à leurs instantes prières et partit avec son neveu Speusippe. De nouveaux déboires l'attendaient : il ne put convaincre Denys de la nécessité de changer de vie. Denys mit l'embargo sur les biens de Dion. Platon voulut partir ; le tyran le retint, et il fallut l'intervention d'Archytas pour qu'il pût quitter Syracuse, au printemps de 360. Il se rencontra avec Dion à Olympie. On sait comment celui-ci, apprenant que Denys lui avait pris sa femme, pour la donner à un autre, marcha contre lui en 357, s'empara de Syracuse et fut tué en 353. Platon lui survécut cinq ans. Il mourut en 347-346, au milieu d'un repas de noces, dit-on. Son neveu Speusippe lui succéda. Parmi les disciples de Platon, les plus illustres quittèrent l'école. Aristote et Xénocrate se rendirent chez Hermias d'Atarnée, Héraclide resta d'abord à Athènes, puis alla fonder une école dans sa patrie, Héraclée. Après la mort de Speusippe, Xénocrate prit la direction de l'Académie, qui devait subsister jusqu'en 529 de notre ère, année où Justinien la fit fermer.

Les œuvres

La collection des œuvres de Platon comprend trente-cinq dialogues, plus un recueil de lettres, des définitions et six petits dialogues apocryphes : *Axiochos, de la Justice, de la Vertu, Démodocos, Sisyphe, Eryxias.* Au lieu de ranger les trente-cinq dialogues admis pour authentiques dans l'ordre où ils furent publiés, les Anciens les avaient classés artificiellement. Platon lui-même avait groupé exceptionnellement le *Théétète*, le *Sophiste* et *le Politique,* avec l'intention d'y adjoindre *le Philosophe,* qui est resté à l'état de projet, et aussi *la République,* le *Timée,* le *Critias* et un dialogue qu'il n'écrivit pas. C'est apparemment sur ces groupes de trois ou de quatre qu'on se fonda pour le classement des œuvres de Platon. Au dire de Diogène Laërce, Aristophane de Byzance avait établi les cinq trilogies suivantes : 1. *République, Timée, Critias* ; 2. *Sophiste, Politique, Cratyle* ; 3. *Lois, Minos, Épinomis* ; 4. *Théétète, Euthyphron, Apologie* ; 5. *Criton, Phédon, Lettres.* Il avait divisé le reste par livres et l'avait cité sans ordre. Derkylidas, au temps de César, et Thrasylle, contemporain de Tibère, adoptèrent au contraire le classement par tétralogies, qui rappelait à la fois les deux groupes de quatre qu'avait conçus Platon et les tétralogies tragiques (trois tragédies, plus un drame satirique). L'ordre de Thrasylle est celui que nous présentent nos manuscrits, et qu'ont reproduit les éditeurs jusqu'à nos jours.

La 1ʳᵉ tétralogie comprend : Euthyphron, Apologie, Criton, Phédon ;
la 2ᵉ : Cratyle, Théétète, Sophiste, Politique ;
la 3ᵉ : Parménide, Philèbe, Banquet, Phèdre ;
la 4ᵉ : Premier *et* second Alcibiade, Hipparque, Rivaux ;
la 5ᵉ : Théagès, Charmide, Lachès, Lysis ;
la 6ᵉ : Euthydème, Protagoras, Gorgias, Ménon ;

la 7ᵉ : Hippias mineur *et* Hippias majeur, Ion, Ménexène ;

la 8ᵉ : Clitophon, République, Timée, Critias ;

la 9ᵉ : Minos, Lois, Épinomis, Lettres.

On divisait aussi les dialogues d'une autre manière. Le dialogue a deux formes, nous dit Diogène Laërce ; il est *diégétique* (sous forme d'exposition) ou *zététique* (sous forme de recherche). La première se divise en deux genres : *théorique* ou *pratique*. Le théorique se subdivise à son tour en deux espèces : *métaphysique* ou *rationnelle* ; le pratique aussi se subdivise en deux espèces : *morale* et *politique*. Le dialogue *zététique* peut avoir, lui aussi, deux formes différentes : il peut être *gymnique* (d'exercice) et *agonistique* (de combat). Le genre gymnique se subdivise en *maïeutique* (qui accouche les esprits) et en *peirastique* (qui éprouve, qui sonde). *L'agonistique* se subdivise également en deux espèces : *l'endictique* (démonstrative) et *l'anatreptique* (réfutative). Nos manuscrits et nos éditions ont conservé ces indications. Ils portent aussi, avec le nom propre qui désigne le dialogue, un sous-titre qui en indique le contenu.

Les modernes se sont demandé si les ouvrages attribués à Platon sont tous authentiques. Déjà quelques Anciens tenaient pour suspects *le second Alcibiade, l'Hippias mineur, les Rivaux, l'Épinomis,* sans parler des six dialogues apocryphes. Au XIXᵉ siècle une vague de scepticisme, mise en branle par le savant allemand Ast, s'est étendue à plus de la moitié des dialogues, et l'on a été jusqu'à rejeter *l'Euthydème,* le *Ménon,* le *Cratyle,* le *Philèbe* et tout le groupe formé du *Sophiste,* du *Politique* et du *Parménide.* Toutes ces athétèses sont parties d'un principe arbitraire, c'est-à-dire de l'idée que l'on se formait de Platon d'après certains dialogues jugés authentiques. On repoussait tout ce qui ne cadrait pas avec cette idée. Comme cette idée variait suivant l'esprit qui l'avait formée et suivant le point de vue où chacun se plaçait, les athétèses variaient aussi. Cette méthode toute subjective a fait son temps : l'on est revenu à des idées plus saines. On admet fort bien que Platon ait pu varier, que son génie ne soit pas éclos tout d'un coup, et qu'il ait pu avoir comme les autres ses défaillances et son déclin. On n'ose plus, comme on l'a fait par exemple pour *l'Hippias mineur,* passer par-dessus le témoignage irrécusable d'Aristote. On admet généralement comme authentiques presque tous les dialogues, sauf le *Théagès,* le *Minos* et le *Clitophon.* On regardait toutes les *Lettres* comme apocryphes : on fait exception aujourd'hui pour la 7ᵉ et la 8ᵉ. Quant aux *Définitions,* on y voit une compilation d'école, sans intérêt d'ailleurs.

La philosophie de Platon – Théorie des idées

Dans ses premiers ouvrages, c'est-à-dire dans les dialogues dénommés socratiques, Platon, fidèle disciple de Socrate, s'attache comme lui à définir exactement les idées morales. Il recherche ce qu'est le courage, la sagesse, l'amitié, la piété, la vertu. Socrate professait qu'il suffit de connaître le bien pour le pratiquer, que par conséquent la vertu est science et le vice ignorance. Platon restera fidèle toute sa vie à cette doctrine. Comme Socrate, il honorera les dieux et tiendra que la vertu consiste à leur ressembler, autant que le permet la faiblesse humaine. Comme lui, il croira que le bien est le but suprême de toute existence et que c'est dans le bien qu'il faut chercher l'explication de l'univers.

Mais, si docile aux leçons de Socrate que Platon nous apparaisse à ses débuts, il était trop avide de savoir pour se borner à l'enseignement purement moral de son maître. Avant de connaître Socrate, il avait reçu les leçons de Cratyle et s'était familiarisé avec la doctrine d'Héraclite. Il s'initia aussi à celle des Éléates. Il avait étudié Anaxagore et lu certainement les écrits d'Empédocle. Au cours de son voyage à Cyrène, il s'était perfectionné dans la géométrie et, en Italie, il s'était adonné aux études d'arithmétique, d'astronomie, de musique et même de médecine des Pythagoriciens. Peut-être aurait-il visité l'Ionie et les rivages de la mer Égée si la guerre avec la Perse ne l'en eût pas détourné. Il aurait fait à Abdère la connaissance de Démocrite et de l'atomisme, la plus géniale création de la philosophie grecque avant Platon. Qui sait si l'influence de Démocrite, s'il l'eût connu plus jeune, n'aurait pas modifié la tendance de son esprit, tourné exclusivement vers la morale et vers les sciences abstraites ?

Quoi qu'il en soit, le système de Platon est une synthèse de tout ce qu'on savait de son temps, mais surtout des doctrines de Socrate, d'Héraclite, de Parménide et des Pythagoriciens. Ce qui fait le fond et l'originalité de ce système est la théorie des Idées. Platon avait d'abord étudié la doctrine d'Héraclite, fondée sur l'écoulement universel des choses. « Tout s'écoule, disait Héraclite ; rien ne demeure. Le même homme ne descend pas deux fois dans le même fleuve. » De cette idée, Platon tire la conséquence que des êtres qui sont en perpétuel devenir pour aboutir à la destruction méritent à peine le nom d'êtres et qu'on n'en peut former que des opinions confuses, incapables de se justifier elles-mêmes. Ils ne sauraient être l'objet d'une science véritable ; car il n'y a pas de science de ce qui est perpétuellement mobile ; il n'y a de science que de ce qui est fixe et immuable. Cependant, quand on observe ces êtres changeants, on s'aperçoit qu'ils reproduisent dans la même espèce des caractères constants. Ces caractères se transmettent d'individu à individu, de génération à génération. Ils sont des copies de modèles universels, immuables, éternels que Platon appelle les Formes ou les Idées. Dans le langage courant, on entend par idée une modification, un acte de l'esprit. Dans le langage de Platon, l'Idée exprime, non pas l'acte de l'esprit qui connaît, mais l'objet même qui est connu. Ainsi l'Idée de l'homme est le type idéal que reproduisent plus ou moins parfaitement tous les hommes. Ce type est purement intelligible ; il n'en est pas moins vivant ; il est même seul vivant, car ses copies, toujours changeantes et périssables, méritent à peine le nom d'êtres, et, parce qu'il existe réellement, qu'il est éternel et immuable, il peut être connu et être objet de science.

Platon a illustré sa théorie des Idées dans la célèbre allégorie de la Caverne, où les hommes sont comparés à des prisonniers enchaînés qui ne peuvent tourner le cou et n'aperçoivent sur le fond de leur prison que des ombres projetées par des objets qui défilent derrière eux à la lumière d'un feu éloigné. « Il faut, dit Platon, assimiler le monde visible au séjour de la prison, et la lumière du feu dont elle est éclairée à l'effet du soleil. » Les objets qui passent sont ceux du monde intelligible, et le soleil qui les éclaire, c'est l'Idée du Bien, cause de toute science et de toute existence. On reconnaît ici la doctrine des Éléates, que le monde n'est qu'une apparence vaine, que la seule réalité consiste dans l'Unité. Mais tandis que chez Parménide l'Être un et immuable est une abstraction vide, il est devenu chez Platon l'Être par excellence, source de toute vie et de toute action.

L'Idée du Bien, dit Platon, est à la limite du monde intelligible : c'est la dernière et la plus haute ; mais il y a toute une hiérarchie d'Idées. Platon semble même admettre au Xe livre de *la République* que tous les objets de la nature, et même les créations de l'homme, comme un lit ou une table, tirent leur existence d'une Idée et que les Idées sont innombrables. Mais il ne parle d'ordinaire que des Idées du Beau, du Juste et du Bien.

La doctrine des Idées est étroitement liée à celle de la réminiscence et de l'immortalité de l'âme. Ces Idées, notre âme, qui a existé avant nous et passera dans d'autres corps après nous, les a aperçues plus ou moins vaguement dans un autre monde. Le mythe du *Phèdre* nous montre l'âme escaladant le ciel, à la suite du cortège des dieux, pour aller contempler les Idées de l'autre côté de la voûte céleste. Elle en rapporte et en conserve un souvenir obscur que la philosophie s'efforce d'éclaircir. Elle le fait en soumettant d'abord l'âme à un entraînement préalable destiné à éveiller la réflexion. Les sciences qui relèvent du pur raisonnement, l'arithmétique, la géométrie, l'astronomie, l'harmonie sont les plus propres à nous familiariser avec le monde de l'intelligible. C'est alors qu'intervient la dialectique. Platon part de la dialectique socratique, sorte de conversation où l'on recherche la définition d'une vertu. Ainsi, dans le *Lachès,* les trois interlocuteurs Lachès, Nicias et Socrate recherchent la définition du courage. Lachès propose une première définition : « L'homme courageux, dit-il, est celui qui tient ferme contre l'ennemi. » Socrate la juge trop étroite ; car le courage trouve son application en mille autres circonstances. Lachès alors en propose une autre : « Le courage est une sorte de fermeté. » Mais, si cette fermeté se fonde sur la folie et l'ignorance, répond Socrate, elle ne peut être le courage. Nicias, consulté à son tour, dit que le courage est la science de ce qui est à craindre et de ce qui ne l'est pas. À cette définition, Socrate fait une autre objection. Le courage, si c'est une science, dit-il, doit être la science de tous les biens et de tous les maux ; mais cette définition s'applique à la vertu en général. Là-dessus, on se sépare, sans être arrivé à la définition cherchée. Mais on voit le procédé qui, d'une proposition, passe à une autre plus compréhensive, jusqu'à ce qu'on arrive à l'idée générale qui comprendra tous les cas et se distinguera nettement des idées voisines. Cette méthode socratique, Platon l'étend au domaine des Idées, pour les atteindre elles-mêmes et monter des Idées inférieures à l'Idée du Bien. Il faut commencer par une hypothèse sur l'objet étudié. On la vérifie par les conclusions auxquelles elle conduit. Si ces conclusions sont intenables, l'hypothèse est rejetée. Une autre prend sa place, pour subir le même sort, jusqu'à ce qu'on en trouve une qui résiste à l'examen. Chaque hypothèse est un degré qui nous hausse vers l'Idée. Quand nous aurons ainsi examiné tous les objets de connaissance, nous aurons atteint tous les principes (ἀρχαί) irréfragables, non seulement en eux-mêmes, mais dans leur mutuelle dépendance et dans la relation qu'ils ont avec le principe supérieur et absolu qu'est l'Idée du Bien. Le *Parménide* nous donne un exemple du procédé. Ce procédé exige une intelligence supérieure et un travail infatigable, dont seul est capable le philosophe né.

Mais la dialectique ne suffit pas à tout. Il est des secrets impénétrables à la raison et dont les dieux se sont réservé la possession. Ils peuvent, il est vrai, en laisser voir quelque chose à certains hommes privilégiés. Ils font connaître l'avenir aux devins et communiquent l'inspiration aux poètes ; ils ont favorisé Socrate d'avertissements particuliers. Peut-être y a-t-il chez les poètes et dans les croyances populaires des traces d'une révélation divine qui jetteraient quelque lueur sur nos origines et notre destinée après la mort. Les Égyptiens croyaient que les hommes sont jugés sur leurs actes après la mort et les Pythagoriciens que l'âme passe du corps d'un animal dans celui d'un autre. Platon n'a pas dédaigné de recueillir ces croyances, mais il se garde de les donner pour des certitudes. Ce sont pour lui des espérances ou des rêves qu'il expose dans des mythes d'une poésie sublime. Son imagination leur communique un éclat magique et lui suggère des détails si précis qu'on dirait qu'il a assisté, comme Er le Pamphylien, aux mystères de l'au-delà. Il y a vu des limbes, un purgatoire et un enfer éternel réservé aux âmes incorrigibles. Ces visions extraordinaires ont tellement frappé les esprits que les chrétiens, en les modifiant un peu, en ont fait des dogmes religieux.

La psychologie de Platon

La psychologie de Platon est marquée d'un caractère profondément spiritualiste. L'âme est éternelle. Avant d'être unie au corps, elle a contemplé les Idées et, grâce à la réminiscence, elle peut les reconnaître, quand elle est descendue dans un corps. Par sa cohabitation avec la matière, elle perd sa pureté, et l'on distingue en elle trois parties différentes : une partie supérieure, le voῦς ou la raison, faculté contemplative, faite pour gouverner et maintenir l'harmonie entre elle et les parties inférieures. Ces parties sont le θυμός ou courage, faculté noble et généreuse qui comprend à la fois les désirs élevés de notre nature et la volonté, et l'ἐπιθυμητιχόν, c'est-à-dire l'instinct et le désir qui tirent l'homme vers les objets sensibles et les désirs grossiers[1]. Le point faible de cette psychologie, c'est la part insuffisante faite à la volonté libre. Platon soutient avec Socrate que la connaissance du bien entraîne forcément l'adhésion de la volonté, ce qui est contraire à l'expérience. Platon a essayé d'établir la survivance de l'âme par une démonstration dialectique et il a exposé dans les trois mythes du *Gorgias,* de *la République* et du *Phédon* les migrations et les purifications auxquelles l'âme est soumise, avant de remonter sur la terre et de rentrer dans un nouveau corps ; mais le détail des descriptions varie d'un mythe à l'autre.

La politique

La politique de Platon est modelée sur sa psychologie ; car les mœurs d'un État sont nécessairement modelées sur celles des individus. L'assise fondamentale de l'État est la justice, il ne peut durer sans elle. Platon entend la justice dans un sens plus large qu'on ne l'entend communément. La justice consiste pour nous à rendre à chacun le sien. Socrate rejette cette définition dans le premier livre de *la République.* La justice, telle qu'il la comprend, consiste, dans l'individu, à ce que chaque partie de l'âme remplisse la fonction qui lui est propre ; que le désir soit soumis au courage et

---

1 Dans le *Phèdre*, Platon représente l'âme comme un cocher (le voῦς) qui conduit un attelage de deux chevaux, l'un (le θυμός) obéissant et généreux, l'autre (l'ἐπιθυμητιχόν) indocile et rétif.

le courage et le désir à la raison. Il en est de même dans la cité. Elle se compose de trois classes de citoyens correspondant aux trois parties de l'âme : des magistrats philosophes, qui représentent la raison ; des guerriers, qui représentent le courage et qui sont chargés de protéger l'État contre les ennemis du dehors et de réduire les citoyens à l'obéissance ; enfin, des laboureurs, des artisans et des marchands, qui représentent l'instinct et le désir. Pour ces trois classes de citoyens, la justice consiste, comme dans l'individu, à remplir sa fonction propre (τά ἑαυτοῦ πράττειν). Les magistrats gouverneront, les guerriers obéiront aux magistrats, et les autres obéiront aux deux ordres supérieurs, et ainsi la justice, c'est-à-dire l'harmonie, régnera entre les trois ordres. Une éducation préalable, au moyen de la gymnastique et de la musique, préparera les magistrats et les guerriers ou auxiliaires à leurs fonctions futures. Elle sera donnée aux femmes comme aux hommes ; car elles ont les mêmes aptitudes que les hommes ; elles rempliront les mêmes charges et prendront comme eux part à la guerre. Les magistrats seront choisis parmi les mieux doués et ceux qui auront montré le plus grand dévouement au bien public. On les entraînera à la dialectique, pour qu'ils puissent contempler les Idées et régler l'État sur l'Idée du Bien. Au reste ces trois classes ne formeront pas des castes fermées : les enfants seront rangés dans l'une ou l'autre suivant leurs aptitudes.

Comme le plus grand danger dans un État est la division, tout d'abord l'État sera petit. Platon n'admet pas, comme Xénophon, de grands États à la manière de l'empire perse ; il modèle le sien sur les petites cités entre lesquelles se partageait la Grèce. Un petit État n'est pas exposé à se démembrer comme un grand empire composé de peuples divers, et la surveillance des magistrats y est plus facile à exercer. Pour éviter la division, qui est le grand mal dont souffrent les villes grecques, on supprimera les deux ennemis les plus redoutables de l'unité, l'intérêt personnel et l'esprit de famille. On supprimera le premier par la communauté des biens, le second par la communauté des femmes et des enfants, lesquels seront élevés par l'État. Mais cette communauté des biens, des femmes et des enfants n'est pas à l'usage du peuple ; elle ne sera de règle que dans les deux ordres supérieurs, seuls capables d'en comprendre la valeur et de s'y soumettre dans l'intérêt du bien public. Les mariages d'ailleurs ne seront pas laissés à l'arbitraire des jeunes gens : tout éphémères qu'ils sont, ils seront réglés solennellement par les magistrats.

Platon ne se faisait pas d'illusion sur la difficulté d'appliquer son système. Il savait que la doctrine des Idées sur laquelle il repose était inaccessible à la foule, que par conséquent sa constitution devait lui être imposée, qu'elle le voulût ou non, et qu'elle ne pouvait l'être que par un roi philosophe, et philosophe à la manière de Platon. Il espéra un moment le trouver dans la personne de Denys le Jeune et dans celle de son ami Dion. Son échec près du premier, et l'assassinat du second lui enlevèrent ses illusions. Mais la politique avait toujours été une de ses préoccupations dominantes. Il ne s'en détacha jamais. Il reprit la plume dans sa vieillesse pour tracer une autre constitution. C'est celle qu'il a exposée dans *les Lois*. Elle repose sur les mêmes principes ; mais elle est plus pratique et renonce à la communauté des biens, des femmes et des enfants.

La morale

La morale de Platon a un caractère à la fois ascétique et intellectuel. Platon reconnaît bien, comme Socrate, que le bonheur est la fin naturelle de la vie ; mais il y a entre les plaisirs la même hiérarchie que dans l'âme. Les trois parties de l'âme nous procurent chacune un plaisir particulier : la raison, le plaisir de connaître, le θυμός, les satisfactions de l'ambition, et la partie concupiscible, les jouissances grossières que Platon appelle le plaisir du gain *(République*, 580 d sqq.). Pour savoir quel est le meilleur de ces trois plaisirs, il faut consulter ceux qui en ont fait l'expérience. Or l'artisan, qui poursuit le gain, est entièrement étranger aux deux autres plaisirs ; l'ambitieux à son tour ne connaît pas le plaisir de la science ; seul, le philosophe a fait l'expérience des trois sortes de plaisirs et peut donner un avis compétent. Or, à ses yeux, le plaisir à la fois le plus pur et le plus grand, c'est le plaisir de connaître. C'est donc vers celui-là que nous devons nous porter. Et comme le corps est une entrave pour l'âme, qu'il est comme une masse de plomb qui arrête son vol vers les régions supérieures de l'Idée, il faut le mortifier et affranchir l'âme, autant que possible, des grossiers besoins dont il est la cause. Ainsi, c'est dans la subordination des désirs inférieurs au désir de connaître que consiste la vertu. Une fois arrivé à la connaissance du bien, l'homme est naturellement vertueux ; car on ne peut voir le bien sans le vouloir et le vice vient toujours de l'ignorance. Bien que l'ignorance se réduise à un mauvais calcul, Platon ne la considère pas moins comme un vice punissable. Le méchant, d'après lui, devrait s'offrir de lui-même à l'expiation. S'il y échappe en ce monde, il n'y échappera pas dans l'autre.

L'esthétique

L'esthétique de Platon dépend aussi de la théorie des Idées et de la morale et de la politique qu'il en a tirées. Les Idées sont immuables et éternelles. Puisque nous devons nous régler sur elles, nos arts seront comme elles immuables et à jamais figés. Et Platon n'admet en effet aucune innovation, ni dans la poésie, ni dans les arts. L'idéal une fois atteint, il faudra s'y tenir ou se recopier sans cesse. L'art n'aura d'ailleurs d'autre liberté que de servir la morale et la politique. « Nous contraindrons les poètes, dit Platon *(République,* 401 b), à n'offrir dans leurs poèmes que des modèles de bonnes mœurs, et nous contrôlerons de même les autres artistes et les empêcherons d'imiter le vice, l'intempérance, la bassesse, l'indécence, soit dans la peinture des êtres vivants, soit dans tout autre genre d'image, ou, s'ils ne peuvent faire autrement, nous leur interdirons de travailler chez nous. » En vertu de ces principes, Platon bannit tous les modes musicaux autres que le dorien et le phrygien, dont la gravité convient à des guerriers. Il bannit la tragédie, dont les accents plaintifs pourraient amollir leur cœur ; il bannit la bouffonnerie et même le rire, qui sied mal à la dignité qu'ils doivent conserver. Homère même, qu'il aime, qu'il sait par cœur, qu'il cite sans cesse, ne trouve pas grâce à ses yeux, parce qu'il a peint les dieux aussi immoraux que les hommes, et il le renvoie de sa république, après l'avoir couronné de fleurs. Mais ce sont les peintres et sculpteurs dont il fait le moins de cas. Comme leurs œuvres ne sont que des copies incomplètes des objets sensibles, eux-mêmes copies des Idées, ils sont, dit-il, éloignés de trois degrés de la vérité ; ce sont donc des ignorants, inférieurs aux fabricants d'objets réels. Qui pourrait être Achille ne voudrait pas être Homère. En poussant à bout le raisonnement de Platon, il serait facile de lui faire dire que le cordonnier qui critiquait Apelle était supérieur à ce grand peintre. Et voilà où l'esprit de système a conduit celui qui fut lui-même un des plus grands artistes de l'humanité.

La physique et le démiurge

C'est dans le *Timée* qu'il faut chercher l'explication que Platon a donnée de l'univers en général et de l'homme en particulier. C'est là qu'il a rassemblé toutes les connaissances de son école concernant la nature.

Il y a un Dieu très bon qui a fait le monde à son image. Il ne l'a pas créé de rien, comme le Dieu des Juifs et des chrétiens ; car il a toujours coexisté à côté de lui deux substances, l'âme incorporelle et indivisible et l'autre matérielle et divisible, et que la philosophie grecque appelle *l'Un* ou *le Même*, et *l'Autre*. Le Démiurge a d'abord créé le monde sensible. De la substance indivisible et de la substance divisible il a composé entre les deux, en les mélangeant, une troisième sorte de substance intermédiaire, comprenant la nature de l'Un et celle de l'Autre : c'est l'âme du monde, lequel est formé de ces trois substances. Avec le monde est né le temps, que mesure la marche des astres. Pour peupler le monde, le Démiurge a d'abord créé les dieux (astres ou dieux mythologiques) et les a chargés de créer les animaux, pour ne pas être responsable de leurs imperfections. Les dieux ont formé le corps des êtres en vue du plus grand bien ; ils ont appliqué dans la formation de ces corps des lois géométriques très compliquées. Ils ont mis dans le corps de l'homme une âme qui, selon qu'il aura bien ou mal vécu, retournera après la mort dans l'astre d'où elle est descendue, ou passera dans d'autres corps jusqu'à ce qu'elle soit purifiée. C'est surtout à l'homme que Platon s'intéresse et même ce n'est qu'en vue de l'homme qu'il s'intéresse à l'univers. Aussi est-ce la physiologie et l'hygiène de l'homme qui sont le principal objet du *Timée* : la structure de son corps, ses organes, l'origine des impressions sensibles, les causes des maladies du corps et de l'âme, la génération, la métempsycose, Platon a traité tous ces sujets, en s'aidant des idées d'Empédocle et du médecin Alcméon et en y joignant toutes les découvertes faites en son école.

Le *Timée,* étant un des derniers ouvrages de Platon, n'est pas toujours d'accord avec les ouvrages précédents. Ce n'est pas ici le lieu de marquer ces différences. Bornons-nous à citer la plus importante. Le Dieu suprême du *Timée* semble bien être distinct du monde intelligible des Idées qui lui servent de modèles pour la formation du monde sensible. Dans *la République,* au contraire, c'est l'Idée du Bien qui est la source, non seulement de toute connaissance, mais encore de toute existence. C'est elle qui est Dieu. D'après Théophraste, Platon tendait à identifier l'Idée du Bien avec le Dieu suprême ; mais sans doute il n'est pas allé jusqu'au bout de sa tendance, et sa pensée sur le Dieu suprême est restée flottante.

Influence du platonisme

La théorie essentielle sur laquelle se fonde la philosophie de Platon, la théorie des Idées, a été rejetée par son disciple Aristote ; le simple bon sens suffit d'ailleurs pour la réfuter. Élève des Éléates, pour qui l'Un seul existait, et des Pythagoriciens, qui voyaient dans le nombre le principe des choses, Platon a prêté une existence réelle à des conceptions abstraites qui n'existent que dans notre esprit. Formé aux raisonnements mathématiques, il les a intrépidement appliqués aux notions morales, à l'Un, à l'Être, au bien, à la cause. Il a cru lier la réalité par ses raisonnements, alors qu'il ne liait que des abstractions. Mais si les Idées n'ont pas une existence indépendante, il suffit qu'elles soient dans notre esprit comme un idéal que nous devons nous proposer. C'est parce que Platon nous détache du monde sensible pour nous élever à l'idéal intelligible qu'il exerce encore aujourd'hui tant d'empire sur ses lecteurs. Nul n'a parlé du bien et du beau avec un enthousiasme plus communicatif. La vie qui vaut la peine d'être vécue, dit-il dans *le Banquet,* est celle de l'homme qui s'est élevé de l'amour des beaux corps à celui des belles âmes, de celui-ci à l'amour des belles actions, puis des belles sciences, jusqu'à la beauté absolue qui transporte les cœurs d'un ravissement inexprimable.

Une foule d'idées platoniciennes exercent encore sur le monde moderne une influence considérable. Platon est en effet l'auteur du spiritualisme. Il a fait de l'âme le tout de l'homme. Pour lui, l'homme doit tendre à rendre à son âme l'état de pureté que lui a fait perdre son union avec le corps. C'est de cet effort que dépend sa vie future. Aussi sa vie doit-elle être une préparation à la mort. L'existence d'une Providence qui gouverne le monde, la nécessité de l'expiation pour toute méchanceté commise, la récompense des bons, la punition des méchants dans l'autre monde et bien d'autres idées encore ont été incorporées dans la philosophie chrétienne et continuent par là à commander notre conduite. Et ainsi l'on peut dire qu'aucun autre philosophe n'a marqué d'une empreinte plus profonde la pensée soit des Anciens, soit des modernes.

L'art chez platon – Le dialogue

Le penseur est doublé chez Platon d'un incomparable artiste que la Muse a doué de tous les dons, enthousiasme du beau, imagination puissante, faculté de sortir de lui-même et de créer des types de toute espèce, fantaisie ailée, ironie fine et légère. Il avait débuté par faire des tragédies. Il était en effet merveilleusement doué pour l'art dramatique et non seulement pour la tragédie, mais aussi pour la comédie et la satire des ridicules. Il n'est donc pas étonnant qu'il ait choisi pour exposer ses idées la forme du dialogue. Il imitait d'ailleurs en cela son maître Socrate, infatigable questionneur, qui ne pratiquait pas d'autre méthode que l'investigation par demandes et par réponses, et qui, jusque dans son procès, interroge Mélètos et le force à répondre. Platon n'a pas conçu d'autre méthode que la dialectique socratique, et il l'a gardée toute sa vie, même lorsque, semble-t-il, une exposition suivie, moins longue et plus claire, eût donné à ses démonstrations plus de force et de netteté.

Il commença par des dialogues très simples, à deux personnages. Tels sont les deux *Hippias,* les deux *Alcibiade,* le *Criton, l'Euthyphron.* Puis il y introduisit plusieurs répondants, dont chacun soutient un point de vue différent. C'est ce que nous voyons dans le *Lachès,* le *Charmide, le Lysis,* et enfin les interlocuteurs se multiplient, comme dans le *Protagoras* et le *Gorgias,* et le dialogue devient un drame considérable en plusieurs actes. Le fond en est toujours une question philosophique, et le but, la recherche d'une vérité au moyen de la dialectique. Cette dialectique est souvent subtile et demande pour être suivie une attention soutenue. Tel dialogue, le

Parménide entre autres, est d'une lecture pénible et rebutante, et il n'est guère de dialogues où la discussion du problème mis en question n'exige un gros effort d'attention. Platon se joue avec aisance dans les abstractions ; le lecteur ordinaire s'y sent moins à l'aise. Mais il est récompensé de sa peine par tous les agréments dont un poète à la fois lyrique, dramatique et satirique peut égayer son œuvre.

Quelquefois, comme dans le *Gorgias*, le dialogue s'engage entre les interlocuteurs sans aucune préparation. Mais généralement l'auteur expose les circonstances qui l'ont amené et décrit le lieu de la scène, et il le fait avec un naturel si parfait, avec des touches si justes qu'on croit voir les personnes et les lieux, qu'on en est charmé et qu'on se sent engagé d'avance à écouter les personnages pour lesquels l'auteur a si vivement éveillé notre sympathie ou notre curiosité. Quoi de plus gracieux et de plus délicat que le début du *Lachès,* du *Charmide* et du *Lysis* ? Quoi de plus animé, de plus pittoresque, de plus convenable au sujet que les scènes et les descriptions par lesquelles s'ouvrent le *Protagoras,* le *Phèdre, le Banquet, la République* ?

Vient ensuite la discussion du sujet. Elle est distribuée en plusieurs actes, séparés par des intermèdes, ou marquée, comme dans le *Lachès,* le *Charmide,* le *Gorgias,* par des changements d'interlocuteurs. Et ces intermèdes, outre le charme qu'ils ont en eux-mêmes, offrent encore l'avantage de reposer l'esprit d'un débat généralement aride, et de rafraîchir l'attention. Les citations de poètes, en particulier d'Homère, les discours des adversaires de Socrate, notamment des sophistes, toujours avides d'étaler leur éloquence, les discours de Socrate lui-même, les mythes où son imagination se donne carrière contribuent aussi à égayer la discussion. Elle est souvent lente et sinueuse, et ce n'est pas sans raison que ses longueurs impatientaient Montaigne. Nous l'aimerions, nous aussi, plus ramassée et plus courte ; mais c'est notre goût, ce n'était pas celui des Grecs. D'ailleurs un dialogue ne suit pas la marche d'une exposition suivie. On y effleure en passant d'autres questions qui se rapportent plus ou moins étroitement au sujet principal, et Cousin a pu dire que chacun des grands dialogues de Platon contenait toute une philosophie. Aussi est-il parfois assez difficile de déterminer nettement l'objet de certains dialogues, dont l'unité n'a pas la rigueur qui nous paraît nécessaire à nous modernes. D'autres, et ils sont assez nombreux, restent sans conclusion. Ce n'est pas que la recherche qui en fait le sujet conduise au scepticisme ; c'est que Platon a simplement voulu réfuter des opinions courantes et déblayer le terrain, se réservant de l'explorer à fond dans un autre ouvrage. C'est ainsi que le *Ménon* continue et achève le *Protagoras* et que le *Théétète* trouve sa conclusion dans le *Timée*.

Les caractères

Ce qui distingue particulièrement les dialogues de Platon de ceux que son exemple a suscités, c'est la vie qu'il a su donner aux personnages qu'il met en scène. Dans les dialogues de ses imitateurs, hormis peut-être ceux de Lucien, les interlocuteurs ne se distinguent les uns des autres que par les thèses opposées qu'ils sont chargés de soutenir : on ne voit rien de leur figure réelle. Chez Platon, au contraire, il n'est pas de personnage, si mince que soit son rôle, qui n'ait son visage à lui. Les plus remarquables à ce point de vue sont les sophistes, notamment Protagoras, Gorgias, Hippias, Prodicos. Ils revivent dans le portrait qu'en a tracé Platon avec leur figure, leur allure, leur voix, leurs gestes, leurs tics même. On les revoit avec leur vanité, leur jactance, leur subtilité, et aussi avec leur talent, qui est réel et que Platon ne rabaisse pas. L'imitation est si parfaite qu'on a pu prendre le discours que Platon prête à Lysias pour le discours authentique de cet orateur. Et, sauf en quelques ouvrages de jeunesse, comme l'*Ion* ou l'*Hippias majeur,* il n'exagère pas et ne pousse pas le portrait jusqu'à la charge. Il fait rire à leurs dépens par le simple contraste qui paraît entre l'opinion qu'ils ont d'eux-mêmes et celle qu'ils donnent au public. C'est de la meilleure comédie, celle où les personnages se traduisent en ridicule sans qu'ils s'en doutent.

Aux sophistes avides de briller s'oppose le groupe des beaux éphèbes ingénus et modestes. Ce sont des fils de famille avides de s'instruire, qui s'attachent à Socrate pour profiter de ses leçons, qui rougissent à ses questions et y répondent avec une déférence pleine de grâce. Tels sont l'Hippocrate du *Protagoras,* qui ne peut contenir son impatience d'entendre l'illustre sophiste, Charmide,

Lysis et le beau Phèdre. Taine a dépeint en termes exquis le charme de ces jeunes figures dans ses *Essais de critique et d'histoire*.

D'autres, plus âgés, sont des disciples tendrement attachés au maître qu'ils vénèrent, et pour qui rien n'est plus doux que de parler et d'entendre parler de lui. C'est Phédon qui se plaît ainsi à se souvenir de Socrate, c'est Apollodore qui sanglote à la vue de la ciguë qu'on apporte, c'est Chairéphon qui s'élance vers lui quand il revient de Potidée, c'est Criton, son ami d'enfance, Simmias et Cébès, Théétète, chacun avec un caractère distinctif qui le signale à notre sympathie.

Il faut faire une place à part à Alcibiade, dont les talents et le prestige avaient vivement frappé Platon en ses jeunes années. Alcibiade figure dans les deux dialogues qui portent son nom ; mais ce n'est point là qu'il faut le considérer ; il n'y est représenté que comme un écolier docile et sans personnalité. Il en a une, au contraire, et d'une originalité surprenante, dans *le Banquet*. Quand il entre dans la salle où Agathon a réuni ses amis, il est fortement pris de vin, ce qui excusera l'audace de certains aveux qu'on ne fait pas de sang-froid. À son allure tapageuse, à l'ascendant qu'il prend tout de suite sur la compagnie, on reconnaît l'enfant gâté des Athéniens, sûr qu'on lui pardonnera, qu'on applaudira même ses caprices. Mais cet enfant gâté, que la faveur populaire a perdu, a l'âme la plus généreuse et l'esprit le plus pénétrant. Un moment disciple de Socrate, il l'a quitté pour la politique ; mais il ne peut l'entendre sans être remué jusqu'au fond de son âme et sans se reprocher l'inconséquence de sa conduite, et il fait de lui le plus magnifique éloge qu'on ait jamais fait d'un homme.

C'est grâce à lui que nous connaissons la puissance de séduction des discours de Socrate, son endurance physique incroyable, son courage et son sang-froid dans le danger, la profondeur de sa réflexion qui lui fait oublier le boire et le manger, la veille et la fatigue, sa continence invincible, enfin toute l'originalité de cet être d'exception que fut Socrate. Le portrait qu'Alcibiade fait de lui est d'ailleurs incomplet. Il faut en chercher les traits qui manquent dans tous les dialogues où Socrate est présent. Sous sa figure de Silène on verra l'être extraordinaire qui entend la voix d'un dieu et qui a reçu de lui la mission de conduire ses concitoyens à la vérité et à la vertu. Il est un de ceux que le ciel a favorisés de la θεία θοίρα, le lot divin, qui élève certains hommes au-dessus de l'humanité. Sa vie et sa mort sont un exemple mémorable de ce que peut faire la vertu unie au génie.

Le style

Par le fait même que Platon est un poète dramatique, il fait parler à chacun le langage qui lui convient. Quand il met en scène des personnages réels, comme les sophistes, comme Lysias, Agathon, Aristophane, il reproduit non seulement leurs idées, mais leur style avec une telle fidélité que ses pastiches donnent l'illusion du modèle.

Quand il est lui-même, son style est exactement approprié à la dialectique de ses dialogues. C'est dire qu'il se maintient constamment dans le ton de la conversation. L'art de Platon consiste ici à se cacher pour donner au discours l'apparence d'une improvisation. C'est un art tout contraire à celui d'Isocrate, qui balance des périodes soigneusement étudiées, ou d'un Démosthène, qui ramasse ses phrases pour les assener sur l'adversaire comme des coups de bélier. Le style de Platon ne sent ni l'étude, ni le travail ; il n'a jamais rien d'affecté ni de tendu. La phrase suit simplement la marche de la pensée. Si un nouveau détail se présente à l'esprit, il s'ajoute et s'ajuste comme de lui-même à ceux qui le précèdent et la phrase s'allonge naturellement, sans que jamais elle paraisse ni surchargée ni lâchée. C'est le style de la conversation avec ses négligences, ses anacoluthes, ses jeux de mots même, mais de la conversation d'hommes supérieurs qui se trouvent à l'aise au milieu des plus hautes abstractions, comme le commun des mortels dans une conversation banale. Aussi, quand l'idée s'élève, le ton s'élève aussi, et, si elle est importante et chère à l'auteur, il l'éclaire de magnifiques comparaisons. Telle est celle de l'aimant dans l'*Ion*, de la torpille dans le *Ménon*, du vaisseau de l'État gouverné par de faux pilotes dans *la République* et bien d'autres également célèbres. Quand Platon nous fait monter avec lui dans le monde des Idées ou nous ouvre des perspectives sur l'autre vie, c'est un monde d'une poésie sublime qu'il nous découvre, et nul poète n'a jamais composé de tableau si émouvant que la promenade des dieux et des âmes au séjour des Idées dans le *Phèdre* ou le ravissement de l'âme en présence du Beau absolu dans *le Banquet.*

Le vocabulaire de Platon est du plus pur attique. Denys d'Halicarnasse lui reproche d'employer des mots poétiques. Mais Denys d'Halicarnasse en juge d'après l'idéal oratoire qu'il s'est formé sur Démosthène. Les mots poétiques, qui seraient déplacés dans une harangue, sont parfaitement à leur place dans un dialogue philosophique, quand le sujet s'élève et qu'on se hausse jusqu'au monde intelligible. D'ailleurs Platon se sert d'ordinaire des mots les plus communs, même pour exposer les idées les plus neuves, et il n'y a guère que le mot *idée* auquel il ait attribué un sens nouveau. C'est une qualité de plus parmi toutes celles qui forment l'éminente supériorité de cet incomparable artiste.

Notice sur *Le Sophiste*

Argument

Fidèles au rendez-vous qui leur avait été donné la veille (à la fin du *Théétète),* Théodore et Théétète se présentent à Socrate avec un étranger qu'ils amènent avec eux. C'est un philosophe de l'école d'Élée. « On prend souvent, dit Socrate, les philosophes pour des sophistes ou des politiques, ou même des fous. J'aimerais savoir ce qu'on en pense à Élée, et si l'on voit dans la sophistique, la politique, la philosophie trois genres différents ou un genre unique. – Ce sont des choses difficiles à définir, Socrate, répond l'étranger ; j'essaierai pourtant de le faire, afin de te complaire. – Comment préfères-tu procéder ? Veux-tu parler seul, ou prendre un interlocuteur, comme le fit autrefois Parménide en ma présence ? » L'étranger préfère cette dernière méthode, et Théétète s'offre à lui donner la réplique. Je vais, dit l'étranger, commencer par le sophiste. Comme le sujet est difficile, exerçons-nous d'abord à le traiter sur un objet plus facile, qui nous servira d'exemple. Prenons le pêcheur à la ligne, et essayons de le définir. Il exerce un art. Or tous les arts se ramènent à deux espèces, les arts de production et les arts d'acquisition. Ces derniers aussi se divisent en deux espèces : l'échange de gré à gré et la capture ou acquisition violente. Celle-ci se pratique par la lutte ou par la chasse. La chasse se fait sur des êtres inanimés ou sur des animaux. Les animaux sont ou marcheurs ou nageurs. Parmi les nageurs, il faut distinguer les volatiles et les poissons. La chasse aux poissons ou pêche se fait en emprisonnant le poisson ou en le frappant avec des hameçons ou des tridents. Cette pêche frappeuse a lieu de nuit (pêche au feu) ou de jour. Celle de jour se fait en frappant le poisson de haut en bas : c'est la pêche au trident, ou de bas en haut, c'est la pêche à la ligne.

Appliquons au sophiste cette méthode dichotomique. Le sophiste aussi pratique un art. Cet art, comme celui du pêcheur à la ligne, est une sorte de chasse, la chasse aux animaux marcheurs. Celle-ci comprend deux genres : la chasse aux animaux sauvages et la chasse aux animaux apprivoisés, c'est-à-dire aux hommes. Dans la chasse aux animaux apprivoisés, il faut distinguer la chasse violente, comme la guerre ou la piraterie, et la chasse par la persuasion, et dans la chasse par persuasion celle qui s'exerce sur le public et celle qui s'exerce sur les particuliers. Dans la chasse aux particuliers il y a celle qui se fait au moyen de présents (l'amour), et celle qui poursuit un salaire ; dans celle qui poursuit un salaire, celle où l'on gagne les gens par la flatterie et celle où l'on enseigne la vertu. C'est celle-ci que le sophiste pratique sur les jeunes gens riches.

Mais l'art du sophiste est loin d'être simple, il est très compliqué au contraire. Considérons-le sous un autre aspect. Reprenons pour cela notre division de l'art d'acquérir. Nous avons vu qu'il comprend deux espèces : la chasse et l'échange. Nous avons laissé de côté l'échange ; revenons-y. L'échange se fait de deux manières, par donation ou par marché. Dans ce dernier cas, l'on vend ce qu'on a produit soi-même ou les produits d'autrui. Quand le commerce des produits d'autrui se fait dans la même ville, c'est le débit ; quand il se fait d'une ville à l'autre, c'est le négoce. Le négoce trafique, soit des choses qui servent aux besoins du corps, soit des choses qui servent aux besoins de l'âme. Dans le négoce des choses de l'âme, il faut distinguer l'étalage des objets de luxe et l'échange des connaissances, et enfin dans l'échange des connaissances, celui des connaissances relatives aux arts et aux métiers, et celui des connaissances relatives à la vertu, c'est-à-dire la sophistique.

Le sophiste est aussi l'homme qui, fixé dans une ville, vend des connaissances qu'il a achetées ou qu'il possède, pourvu que ces connaissances se rapportent à la vertu.

Voyons-le encore sous un autre aspect. Nous avons dit qu'il pratiquait l'art d'acquérir et que l'art d'acquérir comprenait l'échange de gré à gré et l'acquisition violente ou combat. Or dans le combat, il faut distinguer la lutte entre rivaux et la lutte entre ennemis ; dans la lutte entre ennemis, celle qui se fait corps à corps et celle qui se fait discours contre discours, c'est-à-dire la controverse. Il y a deux sortes de controverse : la controverse judiciaire qui se fait par de longs discours et traite en public du juste et de l'injuste, et la controverse entre particuliers, qui est la dispute. Quand la dispute se porte sur des contrats et se fait sans art, elle n'a pas de nom ; mais celle qui se fait avec art et conteste du juste et de l'injuste et des idées générales s'appelle l'éristique. Si l'éristique est pratiquée pour le plaisir et si pour elle on néglige ses propres affaires, c'est du bavardage ; mais celle qui a pour but de gagner de l'argent, c'est encore la sophistique.

Suivons maintenant le sophiste sur une nouvelle trace. Il y a un art de trier auquel se rapporte une foule d'opérations domestiques, comme filtrer, cribler, carder, etc. Or, dans l'art de trier, il faut distinguer l'opération qui sépare le pire du meilleur et celle qui sépare le semblable du semblable. Cette dernière n'a pas de nom ; mais l'autre s'appelle purification. La purification s'adresse au corps ou à l'âme, pour en ôter le vice. Il y a deux espèces de vices dans l'âme : la méchanceté qui est une discorde et une maladie de l'âme, et l'ignorance qui est une laideur de l'âme. De même qu'il y a pour remédier à la laideur et à la maladie du corps, deux arts : la gymnastique et la médecine, de même il y a deux arts pour guérir la méchanceté et l'ignorance : la correction et l'enseignement. Il y a deux espèces d'ignorance, celle qui se rapporte aux métiers, et celle qui croit savoir et qui ne sait pas. Pour guérir cette dernière, il y a deux espèces d'enseignement : l'admonestation, pratiquée par nos pères, et la réfutation qui délivre des fausses opinions. Ceux qui pratiquent cet art de la réfutation, ce sont les sophistes.

Résumons-nous. Nous avons trouvé premièrement que le sophiste est un chasseur intéressé de jeunes gens riches, deuxièmement, un négociant en connaissances à l'usage de l'âme, en troisième lieu, un détaillant de ces mêmes connaissances, en quatrième lieu, un fabricant de sciences qu'il vendait, en cinquième lieu, un athlète dans les combats de paroles, qui s'est réservé l'art de la dispute, et sixièmement enfin, un purificateur des opinions qui font obstacle à la science.

Mais la principale marque du sophiste, c'est qu'il est capable de discuter sur toutes choses. Or, comme on ne peut connaître toutes choses, c'est forcément un semblant de science, et non une science véritable que le sophiste possède. Au lieu de la vérité, il ne présente que des simulacres, et c'est dans l'art des simulacres que le sophiste se dissimule.

Mais il s'élève ici une grande difficulté ; car cet art suppose qu'il est possible de penser et de parler faux, et ceci implique l'existence du non-être. Or on ne peut appliquer quoi que ce soit au non-être. On ne peut même pas l'énoncer, parce que, pour l'énoncer, il faut lui attribuer l'unité ou la pluralité, c'est-à-dire le nombre, c'est-à-dire quelque être et qu'ainsi l'on se contredit soi-même.

Le sophiste nous échappe encore une fois. Pour le tenir, il faut que nous admettions que les images qu'il fabrique, tout en n'étant pas l'objet original, sont néanmoins réellement des images et que, tout non-êtres qu'elles sont, elles ont une certaine existence. Pour cela, il nous faut prouver contre Parménide que l'être n'est pas en quelque manière, et réciproquement que le non-être est en quelque manière.

Entendons-nous d'abord sur l'être. Les philosophes ne sont pas d'accord sur le nombre des êtres : les uns en admettent trois, d'autres deux, les Éléates un ; les Muses d'Ionie et de Sicile admettent que l'être est à la fois un et multiple. En réalité, nous ne comprenons pas plus l'être que le non-être. Questionnons ces philosophes. Vous qui prétendez que le tout est le chaud et le froid, qu'entendez-vous par être ? Est-ce un troisième principe ajouté aux deux autres ? Ou bien réservez-vous le nom d'être à l'un des deux, ou au couple ? Mais c'est affirmer que les deux ne sont qu'un. Et vous qui prétendez que l'univers est un, vous affirmez qu'il n'y a qu'un être. Est-ce la même chose que l'un ? Alors, c'est deux noms pour une seule chose. Et le tout, dites-vous qu'il est autre que l'un, ou qu'il lui est identique ? Identique, répondrez-vous. Mais, si c'est un tout, il a des parties et par conséquent, il n'est pas l'un même qui n'a pas de parties, il participe seulement à l'unité. Mais l'être devient-il, en participant à l'unité, un être un et un tout, ou bien ne saurait-il être un tout ? Si l'être n'est un qu'en tant qu'il participe de l'un, il paraît qu'il diffère de l'un, et l'univers ne se réduit pas à un seul principe. D'un autre côté, si l'être n'est pas tout par participation à l'unité et que cependant le tout lui-même existe, il se trouve que l'être se fait défaut à lui-même, et qu'il devient non-être. Si au contraire le tout n'existe pas, il en sera de même de l'être, et non seulement il ne sera pas, mais il ne pourra jamais être, parce que ce qui est devenu est toujours devenu sous la forme d'un tout. Voilà des difficultés inextricables, et combien d'autres s'élèveraient contre quiconque prétendrait que l'être est deux ou qu'il n'est qu'un !

Voyons la doctrine opposée, celle des matérialistes qui soutiennent que tout est corps. Mais dans tout corps animé, il faut bien reconnaître que l'âme qui l'anime est un être, et de plus que telle âme est juste, telle autre injuste, que c'est la présence de la justice ou de l'injustice qui les fait telles : la justice est donc quelque chose qui existe. Pour l'âme, ils la font corporelle ; mais pour la justice et les autres qualités, ils sont embarrassés : ils n'osent dire qu'elles n'ont aucune existence, ni que ce sont des corps. Voici une définition de l'être que l'on peut leur proposer : l'être est puissance d'agir ou de pâtir. Peut-être l'accepteront-ils.

Passons à ceux qui placent l'existence dans les idées. Ils séparent la génération de l'être. Ils admettent pour la génération la puissance d'agir et de pâtir ; ils ne l'admettent pas pour l'être, qui est immuable. Il faut pourtant bien qu'ils admettent que l'âme connaît et que par conséquent c'est un être actif, et que les objets qu'elle connaît, par le fait qu'ils sont connus, sont des êtres passifs et par conséquent mus. Comment l'être pourrait-il être immobile ? S'il l'était, il n'y aurait plus de place nulle part pour l'intelligence. Il n'y en aurait d'ailleurs pas davantage, s'il était dans un perpétuel mouvement ; car ce qui est identique à soi-même, condition nécessaire pour qu'il soit connu, ne saurait exister sans stabilité. L'être n'est donc ni absolument mobile, ni absolument immobile : il est tour à tour dans l'un et l'autre état.

Mais affirmer l'être aussi bien du mouvement que du repos, ce n'est pas résoudre le problème de l'être. Comment se comporte l'être à l'égard du mouvement et du repos, voilà ce qu'il faut d'abord élucider. Quand nous parlons d'un homme, nous lui attribuons une foule de choses ; nous disons qu'il est bon, qu'il est beau, etc., et nous en disons autant de tout être quelconque. Nous posons chaque objet comme un et nous en parlons comme d'une chose multiple. On nous réplique qu'il est impossible qu'un soit plusieurs, et que nous devons nous borner à dire : l'homme est homme, mais qu'il ne faut pas dire : l'homme est bon. C'est le problème de la communauté des genres qui se pose devant nous. Il s'agit de savoir si tous les genres sont séparés et sans communication possible, ou s'ils communiquent tous, ou si les uns communiquent et les autres non. La première hypothèse est insoutenable ; car si rien ne communique avec rien, on ne peut rien dire de quoi que ce soit, sinon qu'il est identique à lui-même. La seconde ne l'est pas moins ; car si tout se réunit à tout, le mouvement devient repos et le repos mouvement. La troisième seule est acceptable, et il faut admettre que telles choses se prêtent et que telles autres se refusent au mélange, comme les lettres dans le discours ou les sons dans une symphonie. Il faut pour accorder les lettres et les sons des sciences particulières, la grammaire et la musique ; pour accorder les genres, il en faut une aussi, qui est la dialectique.

Étudier tous les genres et leurs rapports serait une tâche infinie. Bornons-nous aux genres essentiels, l'être, le mouvement, le repos, l'autre et le même. Nous avons déjà vu que le mouvement et le repos ne peuvent se mêler et que l'être se mêle à tous deux, car ils sont. Ils sont donc trois, et chacun d'eux est *autre* que les deux autres et le *même* que lui-même. L'autre et le même sont deux genres nouveaux qui ne se confondent pas avec le mouvement et le repos, ni avec l'être. Ils ne se confondent pas avec le couple mouvement-repos, parce que, quoi que nous attribuions au mouvement et au repos, il est impossible que cet attribut soit l'un ou l'autre d'entre eux ; autrement, il contraindrait l'autre à changer sa nature propre en la nature contraire, puisqu'il le ferait participer de son contraire. On ne peut pas dire non plus que l'être est le même que le même : ce serait dire que le mouvement et le repos sont le même, puisqu'ils sont ; l'être n'est pas non plus le même que l'autre : car l'être se dit en un sens absolu et en un sens relatif, et l'autre ne se dit qu'au sens relatif, car rien n'est autre que relativement à autrui, et l'autre pénètre à travers tous les genres. Nous avons donc cinq genres réels et irréductibles, l'être, le mouvement, le repos, l'autre et le même. Voici ce qu'il en faut dire en les reprenant un par un. Le mouvement est autre que le repos, mais il est parce qu'il participe de l'être. D'un autre côté, il est autre que le même : il n'est donc pas le même, et cependant il est le même parce que tout participe du même. Il est autre que l'autre, aussi bien qu'il est autre que le même et que le repos, et il n'est pas autre parce qu'il participe de l'autre. Le mouvement est être, puisqu'il participe de l'être, mais, étant autre que l'être, il est non-être. Et il en est de même de tous les genres : la nature de l'être, en rendant chacun autre que l'être, en fait un non-être : ils sont tous des êtres et des non-êtres. Donc autant sont les autres, autant de fois l'être n'est pas ; car n'étant pas eux, il est un en soi, et les autres, infinis en nombre, ne sont pas non plus. Cela semble contradictoire ; mais la contradiction n'est qu'apparente, car le non-être n'est pas contraire à l'être ; il est seulement quelque chose d'autre. Quand j'énonce le non-beau, le non-grand, je nie les réalités déterminées auxquelles ils s'opposent ; mais ce que j'exprime par la négation est aussi réel que les réalités dont je les distingue. Nous avons ainsi démontré que Parménide se trompait ; car nous avons prouvé que la nature de l'autre existe et qu'elle se morcelle dans leurs relations naturelles, et nous avons osé affirmer que chaque portion de l'être qui s'oppose à l'être est non-être.

En forçant nos adversaires à nous accorder que les genres se mêlent les uns aux autres et que le non-être se mêle à tous, nous avons du même coup assuré la possibilité du discours et la possibilité du discours faux. Considérons en effet le discours et voyons comment les noms se portent ou se refusent à l'accord. Nous avons deux espèces de mots pour exprimer l'être par la voix : les noms et les verbes. Ni les noms ni les verbes prononcés à la file ne font un discours : le discours ne se fait que par le mélange des noms aux verbes. De plus, le discours doit porter naturellement sur quelque chose et il doit être d'une certaine nature, vrai ou faux. Quand on dit de quelque chose des choses autres comme étant les mêmes, ou des choses qui ne sont pas comme étant, cet assemblage formé de noms et de verbes est un faux discours. Le discours est donc tantôt vrai, tantôt faux. Il en est de même de l'opinion et de l'imagination. Qu'est-ce en effet que l'opinion ? C'est l'affirmation ou la négation où aboutit la pensée, qui n'est autre chose qu'un discours intérieur de l'âme avec elle-même ; et l'imagination elle-même n'est qu'une opinion qui se forme par l'intermédiaire de la sensation. Il s'ensuit qu'il peut y avoir fausseté dans l'opinion et l'imagination, comme dans le discours.

C'est dans le genre imaginatif, qui crée des images, que nous avons cru pouvoir enfermer le sophiste. Poursuivons-le jusqu'à la dernière division où il se loge. L'art de produire des images se divise en deux parties, l'une divine et l'autre humaine. Les choses qu'on rapporte à la nature sont le produit d'un art divin ; celles que les hommes composent au moyen d'elles sont le produit d'un art humain. Coupons en deux chacun de ces deux arts : nous aurons dans chaque section une partie productive de réalités et une partie productive d'images ou de simulacres. Coupons encore en deux cette dernière partie, nous aurons une section où l'on se sert d'instruments, et une autre où l'on se sert de sa propre personne comme instrument : celle-ci est la mimique. Parmi ceux qui la pratiquent, les uns le font en connaissant ce qu'ils imitent ;

les autres, sans le connaître. L'imitation fondée sur l'opinion peut être appelée doxomimétique ; celle qui se fonde sur la science est l'imitation savante. C'est dans la première que se range le sophiste. Il y a des naïfs qui s'imaginent connaître ce qu'ils ne savent pas ; il y a ceux qui font semblant de connaître. Enfin parmi ces derniers, il faut reconnaître deux espèces, l'une qui se rapporte aux discours publics, et l'autre aux discours privés. Dans la première se range le politique ; dans la seconde, le sophiste. Nous pouvons résumer la définition à laquelle nous venons d'aboutir en disant que « l'espèce imitative de la partie ironique de l'art fondé sur l'opinion, lequel est une partie de l'art de la contradiction, et qui appartient au genre imaginatif, lequel se rattache à l'art de produire des images, cette portion, non pas divine, mais humaine de la production qui se spécialise dans les discours et fabrique des prestiges, voilà ce qu'on peut dire « qu'est la lignée et le sang », dont descend le véritable sophiste, et l'on dira, ce semble, l'exacte vérité ».

La composition du « Sophiste »

La structure du *Sophiste* rappelle celle du *Phèdre,* où, entre un discours de Lysias et un discours de Socrate sur le même sujet, Platon a intercalé une théorie de l'amour et de l'âme qui a déjà semblé aux Anciens être la partie essentielle de l'ouvrage, comme on peut en juger par les sous-titres *Du beau, De l'âme,* qu'ils lui ont donnés. La composition est la même dans *le Sophiste.* L'étranger nous montre d'abord le sophiste sous ses multiples aspects et décrit la sophistique comme un art trompeur. Mais comme les sophistes répliquent que l'erreur et la tromperie ne sauraient exister, parce qu'on ne peut énoncer que ce qui est, et non ce qui n'est pas, il faut démontrer la possibilité de penser et de parler faux. Pour cela, il faut réfuter l'opinion de Parménide que le non-être n'existe pas et la démonstration prend une telle ampleur et a en elle-même une telle importance qu'on peut la prendre pour le véritable sujet. La possibilité de l'erreur enfin établie, l'étranger revient au sophiste pour l'enfermer définitivement dans cet art de tromperie dont il vient de prouver l'existence. Ainsi l'auteur, en dépit de la longue digression qui fait le centre de l'ouvrage, n'a point perdu de vue la définition qu'on lui a demandée au début. Les deux parties sont étroitement soudées entre elles, et l'unité de l'ouvrage est visible et incontestable.

La définition du sophiste

Platon n'a-t-il point calomnié les sophistes en les dépeignant comme des chasseurs qui pratiquent la chasse aux jeunes gens riches et font profession de leur enseigner la vertu, tandis qu'ils n'enseignent que l'erreur ? Il est certain, on le voit par la haine qu'Anytos dans le *Ménon* professe pour les sophistes, qu'ils avaient une réputation déplorable. L'auteur du traité *De la chasse,* attribué souvent à Xénophon, n'a pas d'eux une opinion plus favorable qu'Anytos. « Une chose me surprend, dit-il, c'est que les sophistes, comme on les appelle, prétendent pour la plupart conduire les jeunes gens à la vertu, tandis qu'ils les mènent à l'opposite... Les sophistes ne parlent que pour tromper, n'écrivent que pour leur profit et ils ne sont en aucune manière utiles à personne ; car il n'y eut jamais, et il n'y a point de sage parmi eux. Il suffit à chacun d'eux d'être appelé sophiste, nom flétrissant aux yeux des gens sensés. Je conseille donc de se tenir en garde contre les préceptes des sophistes, mais non pas de mépriser les conceptions des philosophes. Les sophistes font la chasse aux jeunes gens riches ; les philosophes sont accessibles à tous, amis de tous, et, quant à la fortune des gens, ils n'ont pour elle ni honneur ni mépris. » *(De la chasse,* ch. XIII, trad. P. Chambry.) Ce témoignage de l'auteur du traité *De la chasse* enchérit encore sur celui de Platon. Il en serait une éclatante confirmation si l'on n'avait pas lieu de soupçonner qu'il n'en est peut-être qu'un écho. Ce qui éveille le soupçon, c'est l'expression de « chasseurs aux jeunes gens riches », qui reproduit la définition du *Sophiste* et l'opposition du sophiste au philosophe, qui rappelle, en d'autres termes, il est vrai, celle que Platon a décrite (253 d-254 b). Il semble d'ailleurs que Platon lui-même a peint le sophiste avec des couleurs plus noires qu'il ne l'a fait dans ses autres ouvrages. Il se moque, il est vrai, sans pitié de Prodicos et particulièrement d'Hippias d'Elis ; mais il est plein d'égards pour Gorgias et surtout pour Protagoras ; il les traite même avec un certain respect. Dans le *Ménon,* il a même l'air de défendre les sophistes contre Anytos, qui les attaque avec une haine aveugle. S'il a ici forcé la note et s'il a mis tous les sophistes sur la même ligne, c'est que le sujet demandait qu'il définit le sophiste comme un agent d'erreur et de tromperie. Il semble bien en effet que le sujet véritable de l'ouvrage n'est pas la définition du sophiste, mais la réfutation de la thèse de Parménide sur le non-être et la démonstration de la possibilité de l'erreur, dirigée contre certains sophistes qui prétendaient qu'on ne peut ni penser ni parler faux, parce qu'on ne peut ni concevoir ni exprimer ce qui n'est pas.

L'importance du « Sophiste » au point de vue philosophique

C'est dans cette digression sur la possibilité de l'erreur que gît l'intérêt essentiel du *Sophiste*. Pour montrer que l'erreur est possible, Platon s'attaque d'abord à la thèse de Parménide, qui a toujours enseigné que le non-être n'est pas et qu'on ne peut contraindre à exister ce qui n'est pas. Mais, avant de rechercher ce qu'est le non-être, il faut d'abord savoir ce qu'est l'être. Or l'être n'est guère moins facile à définir que le non-être. Platon le démontre en passant en revue les écoles philosophiques qui ont traité de l'être, et il fait voir que, si l'on ne veut pas abolir toute connaissance, il faut réprouver à la fois celles qui soutiennent que l'être est en perpétuel mouvement et celles qui l'immobilisent, soit dans l'unité, soit dans des formes multiples. Dès lors, que peut-on dire de l'être ? Certains philosophes prétendent qu'on n'en peut affirmer que l'identité. On peut dire : l'homme est homme, mais non : l'homme est bon. C'est rejeter toute communauté entre les genres. Or si les genres ne communiquent pas entre eux, on ne peut rien dire de rien. Il y a ici trois hypothèses possibles : ou tous les genres communiquent, ou aucun ne communique avec aucun, ou certains genres communiquent avec d'autres par une affinité naturelle. Les deux premières hypothèses sont absurdes : reste la troisième. Platon, prenant pour exemples les cinq genres principaux : l'être, le mouvement, le repos, l'autre, le même, démontre que, tout en étant irréductibles l'un à l'autre, ils participent les uns des autres. C'est la théorie de la participation, clef de voûte du système des genres ou idées. Tous les genres participent à la fois du même et de l'autre. Il s'ensuit que le non-être est dans tous ; « car, dans tous, la nature de l'être, en rendant chacun autre que l'être, en fait un non-être, en sorte qu'à ce point de vue, nous pouvons dire avec justesse qu'ils sont tous des non-êtres, et, par contre, parce qu'ils participent de l'être, qu'ils sont et ont de l'être ». « Ainsi le non-être n'est pas moins être que l'être lui-même ; car ce n'est pas le contraire de l'être qu'il exprime, c'est seulement autre chose que l'être » (158 b). Du moment que le non-être existe, il est possible de l'énoncer ; or énoncer ce qui est comme n'étant pas ou ce qui n'est pas comme étant, voilà ce qui constitue la fausseté dans le discours et dans la pensée.

Tels sont les problèmes dont Platon a donné la solution dans la longue digression du *Sophiste.* Ils sont de première importance en eux-mêmes et pour tout le système métaphysique de Platon.

« Le Sophiste » au point de vue littéraire

Si *le Sophiste* intéresse vivement les métaphysiciens, il est beaucoup moins captivant aux yeux des profanes, que rebutent la sécheresse et la subtilité de la discussion. *Le Sophiste* est en effet une œuvre d'un caractère scolaire. La première partie donne aux jeunes adeptes de l'école platonicienne un exemple de la méthode dichotomique appliquée avec rigueur à la recherche d'une définition, et la deuxième est un modèle de dialectique sur un sujet de pure métaphysique. Néanmoins il y a bien de l'agrément encore dans la manière dont le dialogue est conduit, dans les petits intermèdes qui font oublier un instant la peine qu'on a eue à suivre un raisonnement subtil, dans le ton et l'humeur de l'étranger qui mène la bataille contre des adversaires absents et se fait donner la réplique en leur nom par le jeune Théétète, dans les images, les métaphores, les jeux de mots même. Un exemple de la manière dont Platon sait user du jeu de mots fera bien saisir ce qu'il y a d'ingénieux et de plaisant dans son style. « Le sophiste, dit Théétète, est vraiment une espèce de gibier difficile à chasser. Évidemment il est très fertile en *problèmes.* (Le mot grec correspondant à problème signifie non seulement *problème,* mais encore toute *armure,* tout *rempart* dont on se couvre, et c'est sur le second sens du mot que le développement continue.) Sitôt qu'il en met un en avant, c'est un *rempart* qu'il faut franchir en combattant, avant d'arriver jusqu'à lui. Maintenant, à peine sommes-nous venus à bout de celui qu'il nous a opposé en niant le non-être qu'il nous en a opposé un autre, et il faut que nous démontrions l'existence du faux dans le discours et dans l'opinion, après quoi il en élèvera peut-être un autre, et un autre encore après celui-là, et nous n'en verrons sans doute jamais la fin.

À Théétète découragé l'étranger réplique ainsi « Il faut reprendre courage, Théétète, quand on peut toujours avancer, si peu que ce soit. Si l'on se décourageait en un cas comme celui-ci, que ferait-on dans d'autres conjonctures où l'on n'avancerait pas du tout, où l'on serait même repoussé en arrière. Il faudrait, dit le proverbe, bien du temps à un tel homme pour prendre une ville. Mais maintenant, mon bon ami, que nous sommes venus à bout de la difficulté dont tu parles, nous pouvons dire que le rempart le plus fort est pris et que le reste sera désormais plus facile et moins important. » C'est ainsi que ce traité d'apparence rébarbative est souvent égayé par le style imagé et par l'humour que l'Éléate porte jusque dans la dialectique la plus serrée. Ajoutons que dans les passages les plus subtils, la langue de Platon est, pour la simplicité, la précision, la justesse, plus admirable encore que dans tous ses autres ouvrages, car il était singulièrement difficile de trouver des expressions adéquates à des matières si abstraites et à des pensées si subtiles. Platon s'est tiré de la difficulté avec une aisance étonnante : il dit exactement tout ce qu'il veut dire dans les termes les plus simples et les plus clairs qu'on puisse imaginer. C'est un exemple à suivre pour certains philosophes qui semblent croire qu'il est impossible de parler philosophie dans la langue de tout le monde.

La date de la composition

Platon nous a présenté lui-même le *Théétète, le Sophiste* et *le Politique* comme se faisant suite l'un à l'autre. Il est donc très vraisemblable qu'il les rédigea dans cet ordre. Mais il se peut fort bien qu'il se soit écoulé un intervalle assez long entre chacun de ces trois ouvrages, surtout si, comme on peut le croire, le *Parménide* fut écrit après le *Théétète*. Aucun indice ne permet de lui assigner une date précise. Mais on peut conjecturer qu'il fut composé aux environs de l'an 365, et sans doute ne s'écarte-t-on pas beaucoup de la vérité.

Le Sophiste
[ou **De l'Être** ; *genre logique*]

Personnages du dialogue
Théodore, Socrate, l'étranger d'Élée, Théétète

Théodore

I. – Nous sommes fidèles à notre engagement d'hier, Socrate : nous voici à point nommé et nous amenons un étranger que voici[1]. Il est originaire d'Élée : il appartient au cercle des disciples de Parménide et de Zénon et c'est un véritable philosophe.

Socrate

Ne serait-ce pas, Théodore, au lieu d'un étranger, quelque dieu que tu amènes à ton insu, selon le mot d'Homère, qui dit que les dieux, et particulièrement le dieu qui préside à l'hospitalité, accompagnent les hommes qui participent de la pudeur et de la justice, pour observer les gens qui violent ou pratiquent la loi[2] ? Qui sait si cet étranger qui te suit n'est point un de ces êtres supérieurs, venu pour surveiller et réfuter les pauvres raisonneurs que nous sommes, et si ce n'est pas un dieu de la réfutation ?

Théodore

Non, Socrate, ce n'est point là le caractère de l'étranger : il est plus raisonnable que ceux qui s'adonnent aux disputes. Pour moi, je ne vois pas du tout un dieu en cet homme, quoique je le tienne pour divin ; car c'est le nom que je donne à tous les philosophes.

Socrate

Et tu fais bien, ami. Mais il y a des chances que la race des philosophes ne soit pas, j'ose le dire, beaucoup plus facile à

---

1 À la fin du *Théétète,* Socrate a donné rendez-vous à Théodore pour le lendemain matin. Théodore y vient avec Théétète, et ils amènent avec eux un membre de l'école d'Élée, qui va réfuter lui-même la doctrine de Parménide.

2 Socrate applique à l'étranger ce qu'un des prétendants dit d'Ulysse déguisé en mendiant : « Antinoos, ce n'est pas beau : tu as frappé un pauvre errant. Imprudent ! Si c'était quelque dieu du ciel ! Semblables à des étrangers venus de loin, les dieux prennent des aspects divers et vont de ville en ville connaître parmi les hommes les superbes et les justes. » *(Odyssée,* XVII, 483-487) Platon a mêlé à ces vers le vers 271 du chant IX de l'*Odyssée :* « (Zeus) hospitalier qui accompagne les étrangers respectables. »

reconnaître que celle des dieux ; car ces hommes, je parle des philosophes véritables, non de ceux qui feignent de l'être, ces hommes que l'ignorance se représente sous les formes les plus diverses, parcourent les villes, contemplant d'en haut la vie d'ici-bas. Aux yeux des uns, ils sont dignes de mépris, aux yeux des autres, dignes de tous les honneurs. On les prend tantôt pour des politiques, tantôt pour des sophistes, parfois même ils font l'effet d'être complètement fous. Mais j'aimerais savoir de l'étranger, si ma question lui agrée, ce qu'en pensent les gens de son pays et comment il les nomment.

Théodore

De qui parles-tu donc ?

Socrate

Du sophiste, du politique, du philosophe.

Théodore

Que veux-tu savoir au juste et qu'est-ce qui t'embarrasse si fort à leur sujet et t'a fait songer à poser cette question ?

Socrate

Voici. Regardent-ils tout cela comme un seul genre, ou comme deux, ou, parce qu'il y a trois noms, assignent-ils une classe à chaque nom ?

Théodore

Il ne refusera pas, je pense, de t'expliquer cela. Sinon, que répondrons-nous, étranger ?

L'étranger

Cela même, Théodore. Je ne refuse pas du tout, et rien n'est plus facile que de répondre qu'ils voient là trois types. Mais quant à définir nettement chacun d'eux et en quoi il consiste, ce n'est pas une petite affaire ni une tâche facile.

Théodore

Cela tombe bien, Socrate : les sujets que tu viens de toucher sont justement voisins de ceux sur lesquels nous l'interrogions avant de venir ici, et les difficultés qu'il t'oppose, il nous les opposait à nous aussi, bien qu'il avoue avoir entendu discuter ces questions à fond et n'en avoir pas perdu le souvenir.

Socrate

II. – Ne va donc pas, étranger, à la première faveur que nous te demandons, nous opposer un refus. Dis-moi seulement une chose : qu'est-ce que tu préfères d'habitude, exposer toi-même, tout seul, en un discours suivi, ce que tu veux démontrer à un autre, ou procéder par interrogations, comme le fit autrefois Parménide, qui développa d'admirables arguments en ma présence, alors que j'étais jeune et lui déjà fort avancé en âge ?

L'étranger

Si l'on a affaire à un interlocuteur complaisant et docile, la méthode la plus facile, c'est de parler avec un autre ; sinon, c'est de parler tout seul.

Socrate

Alors tu peux choisir dans la compagnie celui que tu voudras ; car tous te prêteront une oreille favorable ; mais, si tu veux m'en croire, tu choisiras un de ces jeunes gens, Théétète que voici, ou tel autre qu'il te plaira.

L'étranger

J'ai quelque honte, Socrate, pour la première fois que je me rencontre avec vous, de voir qu'au lieu d'une conversation coupée, où l'on oppose phrase à phrase, j'ai à faire un long discours suivi, soit seul, soit en m'adressant à un autre, comme si je donnais une séance publique. Car, en réalité, la question, posée comme tu l'as fait, n'est pas aussi simple qu'on pourrait l'espérer ; elle exige, au contraire, de très longs développements. Cependant ne point chercher à te complaire, à toi et à ces messieurs, surtout après ce que tu as dit, serait, je le sens, une malhonnêteté indigne de votre hospitalité. Au reste, j'accepte de grand cœur Théétète comme interlocuteur, d'autant plus que je me suis déjà entretenu avec lui et que toi-même tu m'y invites.

Théétète

Fais donc ce que dit Socrate, étranger, et, comme il te l'assure, tu feras plaisir à toute la compagnie.

L'étranger

Il me semble, Théétète, qu'il n'y a plus rien à dire là-contre. Dès lors c'est avec toi, je le vois, que je vais argumenter. Si la longueur de mon discours te fatigue et t'importune, ne t'en prends pas à moi, mais à ces messieurs, tes camarades.

Théétète

J'espère bien ne pas perdre courage de sitôt ; mais, si cela m'arrivait, nous nous associerons Socrate que voici[1], l'homonyme de Socrate. Il est du même âge que moi, c'est mon compagnon de gymnase et il travaille presque toujours et très volontiers avec moi.

L'étranger

III. – Bien dit. Là-dessus tu te consulteras toi-même au cours de l'argumentation. À présent, il faut te joindre à moi pour mener cette enquête, et commencer, à mon avis, par le sophiste, en recherchant et expliquant clairement ce qu'il est. Pour le moment, toi et moi, nous ne sommes d'accord que sur son nom ; quant à la chose que nous désignons par ce nom, chacun de nous s'en fait peut-être à part lui une idée différente. Or, de quoi qu'il s'agisse, il faut toujours se mettre d'accord sur la chose même, en la définissant, plutôt que sur le nom seul, sans le définir. Quant à la tribu sur laquelle nous nous proposons de porter notre enquête, celle des sophistes, elle n'est certes pas la plus facile à définir. Mais dans toutes les grandes entreprises qu'on veut mener à bonne fin, c'est une opinion générale et ancienne, qu'il convient de s'entraîner *sur des objets* moins importants et plus faciles avant de passer aux très grands. Voici donc, Théétète, ce que je propose que nous fassions tous les deux dans le cas présent : puisque nous jugeons que la race des sophistes est difficile à saisir, c'est de nous exercer d'abord à la poursuivre sur un autre objet plus facile, à moins que tu n'aies, toi, quelque autre route à indiquer.

Théétète

Non, je n'en ai pas.

L'étranger

Alors, veux-tu que nous nous appliquions à quelque question de peu d'importance et que nous essayions de la prendre pour modèle en traitant de notre grand sujet ?

Théétète

Oui.

---

1 C'est le même Socrate qui figure déjà dans le *Théétète* (147 d), comme ayant discuté avec Théétète la question des irrationnelles. C'est lui qui remplacera Théétète dans *le Politique*.

L'étranger

Que pourrions-nous donc nous proposer de facile à connaître et de simple, mais dont la définition n'offre pas moins de difficultés que les plus grands sujets ? Par exemple, le pêcheur à la ligne, n'est-ce pas un objet à la portée de tous et qui ne réclame pas une bien grande attention ?

Théétète

Si.

L'étranger

J'espère néanmoins que nous trouverons en ce sujet une méthode et une définition appropriées à notre dessein.

Théétète

Ce serait à merveille.

L'étranger

IV. – Eh bien, allons, commençons ainsi notre enquête sur le pêcheur à la ligne. Dis-moi : devons-nous le regarder comme un artiste ou comme un homme sans art, mais doué de quelque autre propriété ?

Théétète

Ce n'est pas du tout un homme sans art.

L'étranger

Mais tous les arts se ramènent à peu près à deux espèces.

Théétète

Comment ?

L'étranger

L'agriculture et tous les soins qui se rapportent à tous les corps mortels ; puis tout ce qui concerne les objets composés et façonnés que nous appelons ustensiles ; enfin l'imitation, tout cela, n'est-il pas absolument juste de le désigner par un seul nom ?

Théétète

Comment cela et par quel nom ?

L'étranger

Quand on amène à l'existence une chose qui n'existait pas auparavant, nous disons de celui qui l'y amène qu'il produit, et de la chose amenée, qu'elle est produite.

Théétète

C'est juste.

L'étranger

Or tous les arts que nous venons d'énumérer, c'est en vue de la production qu'ils possèdent leur pouvoir.

Théétète

En effet.

L'étranger

Nous pouvons donc les appeler tous du nom collectif de productifs.

Théétète

Soit.

L'étranger

Après cela, vient toute la classe des sciences et de la connaissance, de l'art du gain, de la lutte et de la chasse, tous arts qui ne fabriquent pas, mais s'approprient par la parole et par l'action des choses déjà existantes et déjà faites, ou les disputent à ceux qui voudraient se les approprier. Aussi le nom qui conviendrait le mieux à toutes ces parties serait celui d'art d'acquisition.

Théétète

Oui, ce serait celui-là.

L'étranger

V. – Puisque tous les arts se rapportent à l'acquisition et à la production, dans quelle classe placerons-nous la pêche à la ligne ?

Théétète

Dans celle de l'acquisition, évidemment.

L'étranger

Mais l'acquisition n'est-elle pas de deux sortes : l'une, qui est un échange de gré à gré et se fait par présents, locations et achats ? quant à l'autre, qui embrasse tout l'art de capturer par actes ou par paroles, c'est l'art de la capture.

Théétète

Cela ressort en effet de ce qui vient d'être dit.

L'étranger

À son tour, l'art de capturer, ne devons-nous pas le diviser en deux ?

Théétète

Comment ?

L'étranger

En classant dans le genre de la lutte tout ce qui se fait à découvert et dans celui de la chasse tout ce qui se fait à la dérobée.

Théétète

Oui.

L'étranger

Mais logiquement la chasse doit être divisée en deux.

Théétète

Explique-moi cela.

L'étranger

Une partie comprend le genre inanimé, l'autre le genre animé.

Théétète

Assurément, puisque les deux existent.

L'étranger

Naturellement, ils existent. Pour celui des êtres inanimés, qui n'a pas de nom, sauf quelques parties de l'art de plonger et d'autres métiers pareils, qui n'ont pas d'importance, il faut le laisser de côté ; l'autre, qui est la chasse aux êtres vivants, nous l'appellerons chasse aux êtres vivants.

Théétète

Soit.

L'étranger

Et dans cette chasse aux êtres vivants, n'est-il pas juste de distinguer deux espèces, celle des animaux qui vont à pied, qui se subdivise en plusieurs classes avec des noms particuliers et qui s'appelle la chasse aux animaux marcheurs, et celle qui embrasse tous les animaux nageurs[1], la chasse au gibier d'eau ?

Théétète

Certainement si.

L'étranger

Maintenant, dans le genre nageur, nous distinguons la tribu des

---

1 Le grec applique le mot *nageur* non seulement aux animaux aquatiques, mais encore aux volatiles, *qui nagent dans l'air.*

volatiles et celle des aquatiques.

Théétète

Sans doute.

L'étranger

La chasse qui comprend tout le genre volatile s'appelle, n'est-ce pas, la chasse aux oiseaux.

Théétète

C'est en effet le nom qu'on lui donne.

L'étranger

Et celle qui comprend à peu près tout le genre aquatique s'appelle pêche.

Théétète

Oui.

L'étranger

Et cette dernière, à son tour, ne pourrions-nous pas la diviser suivant ses deux parties les plus importantes ?

Théétète

Quelles parties ?

L'étranger

Celle où la chasse se fait uniquement au moyen de clôtures, et celle où l'on frappe la proie.

Théétète

Que veux-tu dire et comment distingues-tu l'une de l'autre ?

L'étranger

C'est qu'en ce qui concerne la première, tout ce qui retient et enclôt quelque chose pour l'empêcher de fuir, s'appelle naturellement clôture[1].

Théétète

C'est très juste.

L'étranger

Eh bien, les nasses, les filets, les lacets, les paniers de jonc et autres engins du même genre, doit-on les appeler d'un autre nom que clôtures ?

---

1 Sur ce genre de chasse, où l'on enfermait le gibier dans un filet, voyez Xénophon, *De la chasse,* ch. V, 5-11.

Théétète

Non pas.

L'étranger

Nous appellerons donc cette partie de la chasse, chasse à la clôture ou de quelque nom analogue.

Théétète

Oui.

L'étranger

Mais celle qui se fait à coups d'hameçons et de tridents diffère de la première, et il faut, pour la désigner d'un seul mot, l'appeler chasse frappeuse ; ou bien pourrait-on, Théétète, lui trouver un meilleur nom ?

Théétète

Ne nous mettons pas en peine du nom : celui-là suffit.

L'étranger

Quand elle se fait de nuit à la lumière du feu, la chasse frappeuse a été, je crois, justement nommée par les chasseurs eux-mêmes la chasse au feu.

Théétète

C'est vrai.

L'étranger

Quand elle se fait de jour, parce que les tridents mêmes sont munis d'hameçons à leur extrémité, on l'appelle en général la pêche à l'hameçon.

Théétète

C'est en effet le mot dont on se sert.

L'étranger

VI. – Quand la pêche qui frappe avec l'hameçon se fait de haut en bas, elle s'appelle, je crois, chasse au trident, parce que c'est surtout le trident qu'elle emploie alors.

Théétète

Certains du moins la nomment ainsi.

L'étranger

Il ne reste plus, je crois, qu'une seule espèce.

Laquelle ?

L'étranger

Celle qui frappe en sens inverse de la précédente, avec l'hameçon pour arme, et ne pique pas le poisson à n'importe quelle partie du corps, comme on le fait avec le trident, mais toujours à la tête et à la bouche, et le tire de bas en haut, au rebours de tout à l'heure, au moyen de gaules et de roseaux. Cette pêche-là, Théétète, comment dirons-nous qu'il faut la nommer ?

Théétète

C'est précisément, je crois, celle que nous nous sommes proposé tout à l'heure de trouver. Voilà qui est fait à présent.

L'étranger

VII. – Ainsi donc, à présent, toi et moi, nous voilà d'accord sur le nom de la pêche à la ligne et de plus nous avons trouvé une définition suffisante de la chose elle-même. Nous avons vu en effet que la moitié de l'art en général est l'acquisition, que la moitié de l'acquisition est la capture, la moitié de la capture, la chasse ; la moitié de la chasse, la chasse aux animaux, la moitié de la chasse aux animaux, la chasse au gibier d'eau ; que dans la chasse au gibier d'eau, la section inférieure tout entière est la pêche ; la section inférieure de la pêche, la pêche frappeuse, celle de la pêche frappeuse, la pêche à l'hameçon. Or dans cette dernière espèce de pêche, celle qui frappe le poisson en le tirant de bas en haut, empruntant son nom à cette action même[1], s'appelle la pêche à la ligne, objet de notre présente recherche.

Théétète

Voilà certes une démonstration parfaitement claire.

L'étranger

VIII. – Eh bien, prenons-la pour modèle et essayons de trouver de la même manière ce que peut être le sophiste.

Théétète

Oui, essayons.

---

1 Platon tire le mot ἀσπαλιευτιαη, pêche à la ligne, de ἀνά, en montant et σπάν, tirer. C'est, comme la plupart des étymologies du *Cratyle,* une étymologie fantaisiste. L'origine du mot nous est inconnue.

L'étranger

Nous nous sommes d'abord demandé s'il faut considérer le pêcheur à la ligne comme un ignorant, ou s'il possédait quelque art.

Théétète

Oui.

L'étranger

Passons maintenant au sophiste, Théétète : devons-nous le considérer comme un ignorant ou comme un sophiste[1] dans toute la force du terme ?

Théétète

Ignorant, pas du tout ; car j'entends ce que tu veux dire, c'est qu'il s'en faut du tout au tout qu'il soit ignorant, étant donné le nom qu'il porte.

L'étranger

Il nous faut donc admettre, à ce qu'il semble, qu'il possède un art déterminé.

Théétète

Alors, que peut bien être cet art ?

L'étranger

Au nom des dieux, avons-nous donc méconnu que notre homme est parent de l'autre ?

Théétète

Qui est parent et de qui ?

L'étranger

Le pêcheur à la ligne, du sophiste.

Théétète

Comment ?

L'étranger

À mes yeux, ce sont des chasseurs tous les deux.

Théétète

Qu'est-ce que chasse le dernier ? pour l'autre, nous l'avons dit.

---

1 Le mot sophiste est dérivé du mot σοφός, savant.

L'étranger

Nous avons tout à l'heure divisé la chasse en général en deux parties et mis dans l'une les animaux qui nagent, et dans l'autre ceux qui marchent.

Théétète

Oui

L'étranger

Pour la première, nous avons passé en revue toutes les espèces de nageurs qui vivent dans l'eau. Quant à celle des marcheurs, nous l'avons laissée indivise, en disant qu'elle comprenait plusieurs formes.

Théétète

C'est exact.

L'étranger

Jusqu'à ce point donc, le sophiste et le pêcheur à la ligne marchent de compagnie, en partant de l'art d'acquérir.

Théétète

Ils en ont l'air, en tout cas.

L'étranger

Mais ils se séparent à partir de la chasse aux animaux. L'un se dirige vers la mer, les rivières et les lacs, pour y chasser les animaux qui s'y trouvent.

Théétète

Sans doute.

L'étranger

L'autre se dirige vers la terre et des fleuves d'une autre sorte, et, pour ainsi parler, vers des prairies où foisonnent la richesse et la jeunesse, afin d'en capturer les nourrissons.

Théétète

Que veux-tu dire ?

L'étranger

La chasse aux marcheurs comprend deux grandes parties.

Théétète

Quelles sont ces deux parties ?

L'étranger

L'une est celle des animaux apprivoisés, l'autre, des animaux sauvages.

Théétète

IX. – Alors il y a une chasse aux animaux apprivoisés ?

L'étranger

Oui, si du moins l'homme est un animal apprivoisé. Admets l'hypothèse qu'il te plaira, ou qu'il n'y a pas d'animal apprivoisé, ou qu'il en existe, mais d'autres que l'homme, et que l'homme est un animal sauvage, ou bien, tout en disant que l'homme est un animal apprivoisé, juge qu'il n'y a pas de chasse à l'homme. Quelle que soit celle qui t'agrée, déclare-le-nous.

Théétète

Eh bien, je suis d'avis que nous sommes des animaux apprivoisés et je dis qu'il y a une chasse à l'homme.

L'étranger

Disons donc aussi que la chasse aux animaux apprivoisés est double, elle aussi.

Théétète

Sur quoi fondes-tu cette assertion ?

L'étranger

Brigandage, capture d'esclaves, tyrannie et guerre en général, nous ferons de tout cela une seule espèce, qui sera la chasse violente.

Théétète

Bien.

L'étranger

Discours judiciaire, discours public, entretien privé, tout cela formera une espèce, que nous appellerons un art de persuasion.

Théétète

C'est juste.

L'étranger

Disons maintenant que la persuasion comprend deux genres.

Théétète

Lesquels ?

L'étranger

L'un s'exerce sur les particuliers, l'autre sur le public.

Théétète

Ces deux genres existent en effet.

L'étranger

Et dans la chasse aux particuliers, n'y a-t-il pas celle qui poursuit un salaire et celle qui fait des présents ?

Théétète

Je ne comprends pas.

L'étranger

À ce que je vois, tu n'as jamais fait attention à la chasse des amants.

Théétète

De quoi veux-tu parler ?

L'étranger

Des présents dont ils accompagnent leur poursuite.

Théétète

C'est parfaitement vrai.

L'étranger

Appelons donc cette espèce l'art d'aimer.

Théétète

D'accord.

L'étranger

Mais dans la chasse qui vise à un salaire, l'espèce qui fait usage de la conversation pour plaire, qui prend exclusivement le plaisir pour amorce, sans chercher d'autre gain que sa propre subsistance, je crois que nous serons tous d'accord pour l'appeler un art de flatterie ou art de faire plaisir.

Théétète

Sans aucun doute.

L'étranger

Mais quand on fait profession de converser pour enseigner la vertu, et qu'on se fait payer comptant, n'est-il pas juste de donner à ce genre-là un autre nom ?

Théétète

Sans aucun doute.

L'étranger

Alors, quel nom ? essaye de le dire.

Théétète

Il est assez clair ; car c'est le sophiste, à n'en pas douter, que nous venons de trouver là. En l'appelant ainsi, je crois lui donner le nom qui lui convient.

L'étranger

X. – D'après ce que nous venons de dire, Théétète, il apparaît que cette partie de l'art d'appropriation, de la chasse, de la chasse aux animaux vivants, au gibier de terre, aux animaux apprivoisés, à l'homme, au simple particulier, de la chasse en vue d'un salaire, de la chasse qui est un trafic d'argent, de celle qui prétend instruire, que cette partie, quand elle devient une chasse aux jeunes gens riches et d'illustre famille, doit être appelée sophistique : c'est la conclusion de la discussion que nous venons de soutenir.

Théétète

Parfaitement.

L'étranger

Considérons encore la question de ce point de vue ; car ce que nous cherchons ne relève pas d'un art simple, mais d'un art très complexe. Ce que nous venons de dire donne en effet lieu de penser que le sophiste n'est pas ce que nous disons, mais qu'il appartient à un autre genre.

Théétète

Comment cela ?

L'étranger

Nous avons vu que l'art d'acquérir comprend deux espèces : l'une est la chasse, l'autre l'échange.

Théétète

Nous l'avons vu en effet.

L'étranger

Dirons-nous maintenant qu'il y a deux formes d'échange, l'une qui se fait par donation, l'autre par marché ?

Théétète

Disons-le.

L'étranger

Nous ajouterons que l'échange par marché se partage en deux parties.

Théétète

Comment ?

L'étranger

L'une est la vente directe de ce qu'on a produit soi-même, et l'autre, qui échange les produits d'autrui, est un art d'échange.

Théétète

Parfaitement.

L'étranger

Mais l'échange qui a lieu dans la ville et fait à peu près la moitié de l'échange en général s'appelle commerce de détail.

Théétète

Oui.

L'étranger

Et l'autre, où l'on va de ville en ville, achetant et vendant, n'est-ce pas le négoce ?

Théétète

Sans doute.

L'étranger

Mais dans le négoce, n'avons-nous pas observé qu'il y a une partie où l'on vend et échange contre de l'argent ce qui sert à la nourriture et aux besoins du corps, et une autre ce qui sert à l'âme ?

Théétète

Qu'entends-tu par là ?

L'étranger

Peut-être que ce qui concerne l'âme nous échappe ; car nous connaissons ce qui regarde l'autre.

Théétète

Oui.

L'étranger

Disons donc que la musique en général, chaque fois qu'elle est colportée de ville en ville, achetée ici, transportée là et vendue, que la peinture, l'art des prestiges et maintes autres choses qui se rapportent à l'âme, qu'on transporte et qu'on vend, comme objets, soit de plaisir, soit d'étude sérieuse, donnent à celui qui les transporte et les vend, non moins que la vente des aliments et des boissons, le droit au titre de négociant.

Théétète

Rien n'est plus vrai.

L'étranger

Ne donneras-tu pas le même nom à celui qui achète en gros des connaissances et va de ville en ville les échanger contre de l'argent ?

Théétète

Si, certainement.

L'étranger

XI. – Est-ce qu'une partie de ce négoce spirituel ne pourrait pas très justement s'appeler un art d'étalage, et l'autre, qui est tout aussi ridicule que la première, mais qui vend cependant des connaissances, ne doit-elle pas être appelée de quelque nom apparenté à son œuvre ?

Théétète

Certainement si.

L'étranger

Maintenant la partie de ce commerce des sciences qui se rapporte aux connaissances des autres arts doit avoir un nom, et celle qui se rapporte à la vertu un autre.

Théétète

Sans contredit.

L'étranger

Trafic d'arts, voilà le nom qui convient à la première partie. Quant à la seconde, essaie toi-même de la nommer.

Théétète

Et quel autre nom peut-on lui donner, pour ne pas se tromper, que l'objet même que nous cherchons, le genre sophistique ?

L'étranger

Aucun autre. Résumons-nous donc en disant que la sophistique est apparue une seconde fois comme la partie de l'acquisition, de l'échange, du trafic, du négoce, du négoce spirituel relatif aux discours et à la connaissance de la vertu.

Théétète

Parfaitement.

L'étranger

Troisième aspect : si un homme établi sur place dans une ville se proposait de vivre de la vente, soit de connaissances qu'il achèterait, soit d'autres relatives aux mêmes objets qu'il fabriquerait lui-même, j'imagine que tu ne lui donnerais pas d'autre nom que celui que tu as employé tout à l'heure ?

Théétète

Sans contredit.

L'étranger

Ainsi cette partie de l'art d'acquérir qui procède par échange, où l'on trafique, soit en revendant au détail, soit en vendant ses propres produits, de toutes façons, pourvu que ce genre de commerce se rapporte aux enseignements que nous avons dits, c'est bien toujours, à ce qu'il paraît, ce que tu appelles la sophistique.

Théétète

Nécessairement, car c'est la conséquence forcée de ce qui a été dit.

L'étranger

XII. – Examinons encore si le genre que nous poursuivons à présent ne ressemble pas à quelque chose comme ceci.

Théétète

Que veux-tu dire ?

L'étranger

Nous avons dit qu'une partie de l'art d'acquérir est la lutte.

Théétète

Nous l'avons dit en effet.

L'étranger

Il n'est donc pas hors de propos de diviser la lutte en deux parties.

Théétète

Lesquelles ? Dis-le.

L'étranger

Je dis que l'une est la rivalité, et l'autre, le combat.

Théétète

C'est juste.

L'étranger

Pour la partie du combat qui se fait corps à corps, il est, j'imagine, naturel et convenable de la nommer et de la définir lutte violente ?

Théétète

Oui.

L'étranger

Mais à celle qui se fait discours contre discours, quel autre nom peut-on lui donner, Théétète, que celui de controverse ?

Théétète

Aucun.

L'étranger

Mais le genre de la controverse doit être divisé en deux.

Théétète

Comment ?

L'étranger

En tant qu'elle se fait par de longs discours opposés à de longs discours et qu'elle traite en public du juste et de l'injuste, c'est la controverse judiciaire.

Théétète

Oui.

L'étranger

Mais lorsqu'elle a lieu entre particuliers et qu'elle est coupée en menus morceaux par questions et réponses, n'avons-nous pas coutume de lui réserver le nom de dispute ?

Théétète

Elle n'en a pas d'autre.

L'étranger

Mais dans la dispute, toute la partie où la controverse porte sur les contrats, mais se poursuit à l'aventure et sans art, doit être considérée comme une espèce, puisque notre argumentation l'a distinguée comme différente ; mais elle n'a pas reçu de nom des anciens et ne mérite pas que nous lui en trouvions un aujourd'hui.

Théétète

C'est vrai ; car elle se partage en toutes sortes de parties par trop menues.

L'étranger

Mais celle qui se fait avec art et qui conteste du juste en soi, de l'injuste et des autres idées générales, ne l'appelons-nous pas d'ordinaire éristique ?

Théétète

Sans doute.

L'étranger

Or il y a l'éristique qui ruine et l'éristique qui enrichit.

Théétète

Parfaitement.

L'étranger

Essayons maintenant de trouver la dénomination qui convient à chacune de ces deux espèces.

Théétète

Oui, essayons.

L'étranger

Pour moi, quand, pour le plaisir de s'occuper de ces objets, on néglige ses propres affaires et qu'on parle de manière que la plupart des auditeurs écoutent sans plaisir[1], j'estime qu'il n'y a pas pour cela d'autre nom que celui de bavardage.

Théétète

C'est bien, en somme, le nom qu'on lui donne.

L'étranger

Et maintenant la partie opposée à celle-là, qui fait argent des disputes privées, essaye à ton tour d'en dire le nom.

---

1 Platon fait dériver le mot ἀδολέσχης, bavard, de ἀηδία, manque de plaisir, et λέξις ou λέχη, partage. Par ce mot « bavard », il entend le dialecticien.

Théétète

Que peut-on dire encore cette fois, si l'on veut éviter l'erreur, sinon que voici revenir encore pour la quatrième fois cet étonnant personnage que nous poursuivons, le sophiste ?

L'étranger

Oui, le sophiste relève, à ce que nous voyons, du genre qui fait de l'argent et qui est issu de l'art éristique, de l'art de la dispute, de l'art de la controverse, de l'art du combat, de l'art de la lutte, de l'art d'acquérir. C'est ce que notre argumentation vient encore une fois de révéler.

Théétète

Cela est certain.

L'étranger

XIII. – Vois-tu maintenant combien il est vrai de dire que cet animal est divers et justifie le dicton : il ne se prend pas avec une seule main.

Théétète

Il faut donc y mettre les deux.

L'étranger

Oui, il le faut, et il faut appliquer toutes nos forces à le poursuivre sur la piste que voici. Dis-moi : nous avons bien certains mots pour désigner les besognes domestiques ?

Théétète

Nous en avons même beaucoup ; mais quels sont dans ce nombre ceux dont tu veux parler ?

L'étranger

Des mots comme ceux-ci : filtrer, cribler, vanner, trier.

Théétète

Et puis ?

L'étranger

Outre ceux-là : carder, dévider, tanner et mille autres termes analogues que nous savons être en usage dans les arts, n'est-ce pas ?

Théétète

Que veux-tu démontrer avec ces mots ? Pourquoi les proposes-tu comme exemples et me questionnes-tu sur tout cela ?

L'étranger

Tous les mots cités expriment, je pense, une idée de séparation.

Théétète

Oui.

L'étranger

Dès lors, puisque, suivant mon raisonnement, il n'y a qu'un art dans toutes ces opérations, il est juste que nous lui donnions un nom unique.

Théétète

Quel nom lui donnerons-nous ?

L'étranger

L'art de trier.

Théétète

Soit.

L'étranger

Voyons maintenant s'il n'y aurait pas moyen d'y apercevoir deux espèces.

Théétète

Tu me demandes là un examen un peu rapide pour moi.

L'étranger

Pourtant dans les triages mentionnés, les uns consistaient à séparer le pire du meilleur, les autres, le semblable du semblable.

Théétète

Exprimé ainsi, c'est assez clair.

L'étranger

Pour la dernière sorte, je ne connais pas de nom en usage ; mais pour l'autre qui retient le meilleur et rejette le pire, j'ai un nom.

Théétète

Dis-le.

L'étranger

Toute séparation de ce genre est, je pense, universellement appelée purification.

Théétète

C'est bien ainsi qu'on l'appelle.

L'étranger

Est-ce que tout le monde ne voit pas que la forme de la purification, elle aussi, est double ?

Théétète

Oui, à la réflexion peut-être. Moi, je ne distingue rien pour le moment.

L'étranger

XIV. – Il n'en faut pas moins embrasser d'un seul nom les nombreuses espèces de purification qui se rapportent au corps.

Théétète

Quelles espèces et de quel nom ?

L'étranger

Ce sont les purifications des animaux, soit celles qu'opèrent à l'intérieur du corps, grâce à une exacte discrimination, la gymnastique et la médecine, soit les purifications au nom trivial qui relèvent de l'art du baigneur, et, d'autre part, celles des corps inanimés qui relèvent de l'art du foulon et de l'art de la parure en général et qui se distribuent en mille petites variétés dont les noms semblent ridicules.

Théétète

C'est vrai.

L'étranger

Tout à fait vrai, Théétète. Mais notre méthode d'argumentation ne fait ni moins ni plus de cas de l'art de purifier avec l'éponge que de celui de purifier par des breuvages, et ne s'inquiète pas si l'un nous sert peu et l'autre beaucoup par ses purifications. Car c'est en vue d'acquérir de l'intelligence qu'elle essaye d'observer la parenté ou la dissemblance de tous les arts et, à ce point de vue, elle les honore tous également ; elle ne trouve pas en les comparant que les uns soient plus ridicules que les autres. Elle ne croit pas qu'en illustrant l'art de la chasse par l'art du stratège, on ait droit à plus de considération qu'en l'assimilant à l'art de tuer les poux, mais qu'on est généralement plus prétentieux. De même à présent, à propos du nom que tu demandes pour désigner l'ensemble des puissances destinées à purifier les corps, animés ou inanimés, notre méthode ne se souciera pas le moins du monde de savoir quel nom aura l'air le plus distingué. Elle se bornera à mettre à part les purifications de l'âme et à lier ensemble tout ce qui purifie autre chose ; car ce qu'elle entreprend en ce moment, c'est de séparer la purification qui s'adresse à l'âme de toutes les autres, si nous comprenons bien son intention.

Théétète

À présent, j'ai compris et j'accorde qu'il y a deux formes de purification, dont l'une se rapporte à l'âme et se distingue de celle qui se rapporte au corps.

L'étranger

Voilà qui est le mieux du monde. Et maintenant écoute-moi encore et tâche de partager en deux cette dernière division.

Théétète

Je te suivrai partout et je tâcherai de diviser comme toi.

L'étranger

XV. – Nous disons bien que la méchanceté est, dans l'âme, quelque chose de différent de la vertu ?

Théétète

Naturellement.

L'étranger

Et nous avons vu que purifier, c'est rejeter tout ce qu'il peut y avoir de mauvais et garder le reste ?

Théétète

Nous l'avons vu en effet.

L'étranger

Donc dans l'âme aussi, quelque moyen que nous trouvions d'en ôter le vice, nous serons dans la note juste en l'appelant purification.

Théétète

Oui, assurément.

L'étranger

Il faut reconnaître qu'il y a deux espèces de vice dans l'âme.

Théétète

Lesquelles

L'étranger

L'une s'y forme comme la maladie dans le corps et l'autre comme la laideur.

Théétète

Je ne comprends pas.

L'étranger

Peut-être ne t'es-tu pas avisé que la maladie et la discorde étaient la même chose.

Théétète

À cela encore je ne vois pas ce qu'il faut répondre.

L'étranger

Crois-tu donc que la discorde soit autre chose que la corruption de ce qui est actuellement parent, à la suite d'une rupture d'accord ?

Théétète

Ce n'est pas autre chose.

L'étranger

Et que la laideur soit autre chose qu'un défaut de proportion, toujours désagréable à voir ?

Théétète

Ce n'est certainement pas autre chose.

L'étranger

Mais quoi ? n'avons-nous pas remarqué que, dans les âmes des hommes sans valeur, les opinions sont en opposition avec les désirs, le courage avec les plaisirs, la raison avec les chagrins et toutes les choses de cette sorte les unes avec les autres ?

Théétète

Si, vraiment.

L'étranger

On ne peut pourtant nier qu'il y ait parenté entre tout cela.

Théétète

Sans contredit.

L'étranger

Si donc nous disons que la méchanceté est une discorde et une maladie de l'âme, nous nous exprimerons exactement.

Très exactement.

L'étranger

Mais quoi ! si toutes les choses qui participent du mouvement, qui se fixent un but et font effort pour l'atteindre, passent à chaque élan à côté de ce but et le manquent, dirons-nous que cela vient de la symétrie qui est entre elles et lui, ou de l'asymétrie ?

Théétète

Il est évident que c'est de l'asymétrie.

L'étranger

Mais nous savons que, toutes les fois que l'âme ignore quelque chose, c'est contre sa volonté.

Théétète

Certainement.

L'étranger

Or l'ignorance n'est autre chose que l'aberration de l'âme quand elle s'élance vers la vérité et que l'intelligence passe à côté du but.

Théétète

Absolument.

L'étranger

Il faut donc croire que l'âme déraisonnable est laide et manque de mesure.

Théétète

Il semble bien.

L'étranger

Il y a donc en elle, à ce qu'il paraît, deux espèces de maux : l'un que le vulgaire appelle méchanceté et qui est manifestement une maladie de l'âme.

Théétète

Oui.

L'étranger

Et l'autre qu'on appelle ignorance, mais qu'on ne veut pas reconnaître pour un vice, quand il s'élève seul dans l'âme.

Théétète

Décidément, il faut admettre ce dont je doutais tout à l'heure, quand tu l'as dit, qu'il y a deux genres de vice dans l'âme et que la lâcheté, l'intempérance, l'injustice doivent toutes être regardées comme une maladie en nous, et que cette affection si répandue et si diverse qu'est l'ignorance doit être considérée comme une difformité.

L'étranger

XVI. – Dans le cas du corps, n'a-t-on pas trouvé deux arts correspondant à ces deux affections ?

Théétète

Quels sont ces arts ?

L'étranger

Pour la laideur, la gymnastique, et pour la maladie, la médecine.

Théétète

Apparemment.

L'étranger

Et pour la violence, l'injustice et la lâcheté, la correction n'est-elle pas, de tous les arts, celui qui convient le mieux à la justice ?

Théétète

C'est du moins vraisemblable, si l'on s'en rapporte à l'opinion du monde.

L'étranger

Et pour l'ignorance en général, peut-on citer un art mieux approprié que l'enseignement ?

Théétète

Aucun.

L'étranger

Voyons alors : devons-nous dire que l'enseignement forme un genre unique ou plusieurs, et qu'il y en a deux genres très importants. Examine la question.

Théétète

Je l'examine.

L'étranger

Voici, je crois, le moyen le plus rapide pour la résoudre.

Théétète

Lequel ?

L'étranger

C'est de voir si l'ignorance ne pourrait pas être coupée en son milieu. Car, si l'ignorance est double, il est clair que l'enseignement aussi doit avoir deux parties, une pour chaque partie de l'ignorance.

Théétète

Eh bien, vois-tu poindre la solution que nous cherchons ?

L'étranger

Je crois du moins voir une grande et fâcheuse espèce d'ignorance, distincte des autres, et égale à elle seule à toutes les autres.

Théétète

Laquelle ?

L'étranger

C'est de croire qu'on sait quelque chose, alors qu'on ne le sait pas. C'est de là, je le crains, que viennent toutes les erreurs où notre pensée à tous est sujette.

Théétète

C'est vrai.

L'étranger

Et c'est aussi, je crois, la seule espèce d'ignorance qu'on ait appelée sottise.

Théétète

En effet.

L'étranger

Et quel nom faut-il donc donner à la partie de l'enseignement qui nous en délivre ?

Théétète

Je pense, étranger, que l'autre partie se rapporte à l'enseignement des métiers ; mais celle-là, ici du moins, nous l'appelons éducation.

L'étranger

Et il en est de même à peu près, Théétète, chez tous les Grecs. Mais il nous faut examiner encore si l'éducation est un tout indivisible, et si elle comporte une division qui mérite un nom.

Théétète

Examinons donc.

L'étranger

XVII. – Eh bien, elle aussi, je crois, se partage en deux.

Théétète

Par où ?

L'étranger

Dans l'enseignement par le discours, il y a, ce semble, une route plus rude, et une section plus lisse.

Théétète

Comment qualifier chacune d'elles ?

L'étranger

Il y a d'un côté la vénérable antique manière que nos pères pratiquaient généralement à l'égard de leurs fils et que beaucoup pratiquent encore aujourd'hui, quand ils les voient commettre quelque faute : aux réprimandes sévères, elle mêle les exhortations plus douces, et le tout ensemble pourrait très justement s'appeler l'admonestation.

Théétète

C'est juste.

L'étranger

D'un autre côté, certains sont venus, après mûre réflexion, à penser que l'ignorance est toujours involontaire et que celui qui se croit sage ne consentira jamais à apprendre aucune des choses où il s'imagine être habile, et que, par suite, tout en prenant beaucoup de peine, le genre d'éducation qu'est l'admonestation aboutit à de médiocres résultats.

Théétète

Ils ont raison de le penser.

L'étranger

En conséquence, ils s'y prennent d'une autre façon pour les défaire de cette présomption.

Théétète

De quelle façon ?

L'étranger

Ils questionnent leur homme sur les choses où il croit parler
sensément, alors qu'il ne dit rien qui vaille, puis, tandis qu'il s'égare,
il leur est facile de reconnaître ses opinions ; ils les ramassent
ensemble dans leur critique, les confrontent les unes avec les autres
et font voir ainsi qu'elles se contredisent sur les mêmes objets, sous
les mêmes rapports et des mêmes points de vue. Ceux qui se voient
ainsi confondus sont mécontents d'eux-mêmes et deviennent
doux envers les autres, et cette épreuve les délivre des opinions
orgueilleuses et cassantes qu'ils avaient d'eux-mêmes, ce qui est de
toutes les délivrances la plus agréable à apprendre et la plus sûre
pour celui qu'elle concerne. C'est que, mon cher enfant, ceux qui
les purifient pensent comme les médecins du corps. Ceux-ci sont
convaincus que le corps ne saurait profiter de la nourriture qu'on
lui donne, avant qu'on n'en ait expulsé ce qui l'embarrasse. Ceux-
là ont jugé de même que l'âme ne saurait tirer aucune utilité des
connaissances qu'on lui donne, jusqu'à ce qu'on la soumette à la
critique, qu'en la réfutant on lui fasse honte d'elle-même, qu'on lui
ôte les opinions qui font obstacle à l'enseignement, qu'on la purifie
ainsi et qu'on l'amène à reconnaître qu'elle ne sait que ce qu'elle sait
et rien de plus.

Théétète

C'est, à coup sûr, la disposition la meilleure et la plus sage.

L'étranger

De tout cela, Théétète, il nous faut conclure que la réfutation est la
plus grande et la plus efficace des purifications, et nous devons être
persuadés que celui qui se soustrait à cette épreuve, fût-ce le grand
Roi lui-même, n'ayant pas été purifié des plus grandes souillures,
est ignorant et laid par rapport aux choses où il devrait être le plus
pur et le plus beau, s'il veut être véritablement heureux.

Théétète

C'est parfaitement exact.

L'étranger

XVIII. – Mais ceux qui pratiquent cet art, comment les appellerons-
nous ? Car pour moi, je n'ose pas les appeler sophistes.

Théétète

Pourquoi donc ?

L'étranger

Je crains que nous ne leur fassions trop d'honneur.

Théétète

Pourtant le portrait que nous venons d'en faire leur ressemble bien.

L'étranger

Comme le loup ressemble au chien, et ce qu'il y a de plus sauvage à ce qu'il y a de plus apprivoisé. Si l'on ne veut pas se tromper, il faut avant tout se tenir toujours en garde contre les ressemblances ; car c'est un genre très glissant. Admettons pourtant que ce soient les sophistes ce ne sera pas sur de petites différences que se produira la dispute, quand ils seront bien sur leurs gardes.

Théétète

Probablement non.

L'étranger

Distinguons donc dans l'art de trier l'art de purifier, dans l'art de purifier, séparons la partie qui se rapporte à l'âme, de celle-ci l'art de l'enseignement, et de celui-ci l'art de l'éducation. Enfin dans l'art de l'éducation, reconnaissons que, comme nous venons de le voir en passant dans notre discussion, la réfutation des vaines prétentions à la sagesse n'est pas à nos yeux autre chose que l'art véritablement noble de la sophistique.

Théétète

Reconnaissons-le, soit ; mais à présent que nous avons vu le sophiste sous tant de formes, je suis, moi, embarrassé pour donner avec vérité et en toute assurance la vraie définition du sophiste.

L'étranger

Ton embarras est tout naturel ; mais il faut croire que le sophiste aussi est à cette heure fort embarrassé pour savoir comment il pourra encore échapper à notre argumentation ; car le proverbe est juste, qu'il n'est pas facile de tromper toutes les poursuites. Attaquons-le donc à cette heure avec un redoublement de vigueur.

Théétète

C'est bien dit.

L'étranger

XIX. – Arrêtons-nous donc d'abord pour reprendre haleine, et, tout en nous reposant, faisons notre compte à part nous. Voyons : sous combien d'aspects le sophiste nous est-il apparu ? Si je ne me trompe, nous avons trouvé d'abord que c'est un chasseur intéressé de jeunes gens riches.

Théétète

Oui.

L'étranger

En second lieu, un négociant en connaissances à l'usage de l'âme.

Théétète

C'est vrai.

L'étranger

En troisième lieu, il nous est apparu, n'est-ce-pas ? comme détaillant des mêmes objets de connaissance.

Théétète

Oui, et en quatrième lieu, comme fabricant des sciences qu'il vendait.

L'étranger

Tes souvenirs sont exacts. Pour sa cinquième forme, je vais moi-même tâcher de la rappeler. C'était un athlète dans les combats de parole, qui s'était réservé l'art de la dispute.

Théétète

C'est bien cela.

L'étranger

La sixième forme prêtait à discussion. Néanmoins nous lui avons accordé qu'il était un purificateur des opinions qui font obstacle à la science dans l'âme.

Théétète

Parfaitement.

L'étranger

Maintenant n'as-tu pas remarqué que, lorsqu'un homme paraît posséder plusieurs sciences, et que cependant il est désigné par le nom d'un seul art, l'idée qu'on se fait de lui n'est pas saine, et n'est-il pas clair que celui qui se fait une telle idée à propos d'un art est incapable d'y reconnaître le centre où convergent toutes ces connaissances, et que c'est la raison pour laquelle on donne à celui qui les possède plusieurs noms au lieu d'un seul ?

Théétète

Il y a bien des chances pour qu'il en soit ainsi.

L'étranger

XX. – Prenons donc garde que cela ne nous arrive à nous-mêmes, faute de diligence dans notre recherche. Revenons d'abord sur nos définitions du sophiste. Il en est une surtout qui m'a semblé le désigner nettement.

Théétète

Laquelle ?

L'étranger

Nous avons dit, je crois, que c'était un disputeur.

Théétète

Oui.

L'étranger

Mais n'avons-nous pas dit aussi qu'il enseignait ce même art aux autres ?

Théétète

Sans doute.

L'étranger

Examinons donc sur quoi ces sophistes prétendent les former à l'art de disputer. Commençons notre examen de cette façon : dis-moi, est-ce sur les choses divines, qui demeurent cachées à la multitude, qu'ils communiquent cette capacité à leurs disciples ?

Théétète

Oui, c'est là-dessus, du moins on l'assure.

L'étranger

Est-ce aussi sur ce qu'offrent de visible la terre et le ciel et ce qu'ils contiennent ?

Théétète

Bien sûr.

L'étranger

Mais dans les entretiens privés, où il est question de la génération et de l'être en général, nous savons, n'est-ce pas ? qu'ils sont habiles à contredire eux-mêmes et à rendre les autres capables de faire comme eux.

Théétète

Parfaitement.

L'étranger

Et sur les lois aussi et les affaires publiques en général, ne s'engagent-ils pas à former de bons disputeurs ?

Théétète

On peut dire en effet que personne n'assisterait à leurs leçons s'ils ne prenaient pas cet engagement.

L'étranger

En outre, sur les arts en général et sur chaque art en particulier, tous les arguments qu'il faut opposer à chacun de ceux qui en font profession, ont été publiés et couchés par écrit à l'usage de qui veut les apprendre.

Théétète

C'est, ce me semble, aux ouvrages de Protagoras sur la lutte et les autres arts que tu fais allusion[1].

L'étranger

Et aux ouvrages de beaucoup d'autres, bienheureux homme. Mais enfin cet art de contredire, ne trouves-tu pas qu'en somme, c'est une faculté apte à disputer sur toutes choses ?

Théétète

Il semble en tout cas que presque rien ne lui échappe.

L'étranger

Mais toi, mon enfant, par les dieux, crois-tu cela possible ? Peut-être qu'en effet vous autres, jeunes gens, vous avez en ceci la vue plus perçante, et nous, plus émoussée.

Théétète

En quoi et que veux-tu dire au juste ? Je n'entends pas bien ta question.

L'étranger

Je demande s'il est possible qu'un homme connaisse tout.

---

1 D'après Diogène Laërce, IX, 8, 55, Protagoras aurait écrit *Un art de la dispute, Sur la lutte, Sur les sciences, Sur la constitution de l'État, Deux livres de contradictions.*

Théétète

Nous serions, à n'en pas douter, étranger, une race de bienheureux.

L'étranger

Dès lors comment un homme qui est lui-même ignorant, contredisant un homme qui sait, pourrait-il jamais dire quelque chose de sensé ?

Théétète

Il ne le pourrait pas du tout.

L'étranger

Alors qu'est-ce que peut bien être cette merveilleuse puissance de la sophistique ?

Théétète

Merveilleuse sous quel rapport ?

L'étranger

En ce qu'ils sont capables de faire croire à la jeunesse qu'ils sont, eux, les plus savants de tous sur toutes choses. Car il est clair que, s'ils ne discutaient pas et ne leur paraissaient pas discuter correctement, et si, en outre, leur talent de contredire ne rehaussait pas leur sagesse comme tu le disais, on aurait bien de la peine à se résoudre à les payer pour devenir leurs disciples en ces matières.

Théétète

À coup sûr on aurait de la peine.

L'étranger

Au contraire, on le fait de bon gré.

Théétète

De fort bon gré même.

L'étranger

C'est qu'ils paraissent, à ce que je crois, fort instruits des choses sur lesquelles ils disputent.

Théétète

Sans contredit.

L'étranger

Et ils disputent sur toutes choses, disons-nous ?

Théétète

Oui.

L'étranger

Ils passent donc pour omniscients aux yeux de leurs élèves ?

Théétète

Sans doute.

L'étranger

Quoiqu'ils ne le soient pas ; car nous avons dit que c'était impossible.

Théétète

XXI. – Oui, bien impossible.

L'étranger

C'est donc, à ce que nous voyons, un semblant de science que le sophiste possède sur toutes choses, et non la science véritable ?

Théétète

C'est tout à fait cela, et ce que tu viens d'en dire en est peut-être la définition la plus exacte.

L'étranger

Prenons maintenant un exemple plus clair pour expliquer cela.

Théétète

Quel exemple ?

L'étranger

Celui-ci. Tâche de faire attention pour bien répondre.

Théétète

Sur quoi

L'étranger

Si un homme prétendait savoir, non pas dire, ni contredire, mais faire et exécuter par un art unique toutes choses...

Théétète

Qu'entends-tu par toutes choses ?

L'étranger

Dès le premier mot tu ne m'entends pas ; car tu m'as l'air de ne pas comprendre ce « toutes choses ».

Théétète

Effectivement je ne saisis pas.

L'étranger

Eh bien, par « toutes choses », je veux dire toi et moi, et, de plus, tous les animaux et tous les arbres.

Théétète

Qu'entends-tu par là ?

L'étranger

Si un homme s'engageait à faire et toi et moi et tout ce qui pousse...

Théétète

Qu'entends-tu par faire ? car ce n'est point d'un laboureur que tu veux parler, puisque tu as dit que cet homme faisait des animaux.

L'étranger

Oui, et en outre la mer, la terre, le ciel, les dieux et tout le reste, et j'ajoute qu'après avoir fait en un clin d'œil chacune de ces choses, il les vend à un prix très modique[1].

Théétète

Ce que tu dis là est pur badinage.

L'étranger

Eh quoi ! quand un homme dit qu'il sait tout et qu'il peut tout enseigner à un autre à bon marché et en peu de temps, ne faut-il pas regarder cela comme un badinage ?

Théétète

Incontestablement.

L'étranger

Or connais-tu une forme de badinage plus artistique ou plus charmante que la mimétique ?

Théétète

Aucune ; car cette forme dont tu parles, en ramenant tout à elle seule, est extrêmement vaste, et on peut dire, la plus complexe qui soit.

---

1 Cf. *République, 596* c : « Cet artisan dont je parle n'a pas seulement le talent de faire des meubles de toute sorte ; il fait encore toutes les plantes, et il façonne tous les êtres vivants et lui-même. Ce n'est pas tout : il fait la terre, le ciel, les dieux, tout ce qui existe dans le ciel et tout ce qui existe sous la terre chez Hadès. »

L'étranger

XXII. – Ainsi, quand un homme se fait fort de tout créer par un seul art, nous reconnaissons qu'en fabriquant des imitations et des homonymes des êtres réels, il sera capable, grâce à son art de peindre, de faire illusion à des enfants irréfléchis, en leur montrant de loin ses peintures, et de leur faire croire qu'il est parfaitement capable de fabriquer réellement tout ce qu'il lui plaît de faire[1].

Théétète

Sans aucun doute.

L'étranger

Eh bien, ne faut-il pas nous attendre à trouver dans les discours un autre art par lequel il est possible de faire illusion, en versant des discours dans les oreilles, aux jeunes gens et à ceux qui sont encore éloignés de la vérité des choses, en leur montrant des images parlées de toutes choses, de manière à leur faire croire que ce qu'ils entendent est vrai et que celui qui leur parle est en tout le plus savant de tous[2].

Théétète

Pourquoi en effet n'y aurait-il pas un art de ce genre ?

L'étranger

Mais pour la plupart de ceux qui ont écouté ces discours, n'est-ce pas, Théétète, une nécessité qu'après un laps de temps suffisant et avec le progrès de l'âge, en abordant les choses de près et profitant de l'expérience qui les force à prendre nettement contact avec les réalités, ils modifient les opinions qu'ils s'étaient formées alors, de sorte que ce qui était grand leur paraît petit, ce qui était facile, difficile, et que les images parlées sont entièrement renversées par la réalité des faits ?

1 *Cf. République,* 598 b-c : « Nous pouvons dire que le peintre nous peindra un cordonnier, un charpentier ou tout autre artisan sans connaître le métier d'aucun d'eux. Il n'en fera pas moins, s'il est bon peintre, illusion aux enfants et aux ignorants, en peignant un charpentier et en le montrant de loin, parce qu'il lui aura donné l'apparence d'un charpentier véritable. »

2 Cf. *République,* 598 c-d : « Quand quelqu'un vient nous dire qu'il a rencontré un homme au courant de tous les métiers et qui connaît mieux tous les détails de chaque art que n'importe quel spécialiste, il faut lui répondre qu'il est naïf et qu'il est tombé sans doute sur un charlatan ou un imitateur qui lui a jeté de la poudre aux yeux, et que, s'il l'a pris pour un savant universel, c'est qu'il n'est pas capable de distinguer la science, l'ignorance et l'imitation. »

Théétète

Oui, du moins autant qu'on peut en juger, à mon âge ; mais je pense que, moi aussi, je suis de ceux qui n'aperçoivent encore les choses que de loin.

L'étranger

Voilà pourquoi nous tous ici présents, nous nous efforcerons et nous nous efforçons dès maintenant de t'en rapprocher le plus possible avant les avertissements de l'expérience. Mais, pour en revenir au sophiste, dis-moi une chose. N'est-il pas devenu clair que c'est un charlatan, qui ne sait qu'imiter les réalités, ou doutons-nous encore que, sur tous les sujets où il paraît capable de discuter, il n'en ait pas réellement la science ?

Théétète

Comment en douter encore, étranger ? Il est, au contraire, dès maintenant assez clair, d'après ce qui a été dit, qu'il fait partie de ceux qui pratiquent le badinage.

L'étranger

Il faut donc le regarder comme un charlatan et un imitateur.

Théétète

Comment faire autrement ?

L'étranger

XXIII. – Allons maintenant, c'est à nous de ne plus laisser échapper le gibier ; car nous l'avons à peu près enveloppé dans les filets que le raisonnement emploie pour ces matières. Aussi n'évitera-t-il pas ceci du moins.

Théétète

Quoi ?

L'étranger

D'être rangé dans le genre des faiseurs de prestiges.

Théétète

C'est une opinion que je partage sur le sophiste.

L'étranger

Voilà donc qui est décidé : nous allons diviser au plus vite l'art de faire des images, y descendre jusqu'au fond et, si le sophiste nous fait tête d'abord, nous le saisirons sur l'ordre de la raison, notre roi, et nous le lui livrerons en déclarant notre capture[1]. Si, au contraire, il se faufile dans les parties de l'art d'imiter, nous l'y suivrons, divisant toujours la section où il se recèle, jusqu'à ce qu'il soit pris. Il est certain que ni lui, ni quelque autre espèce que ce soit ne se vantera jamais d'avoir échappé à la poursuite de ceux qui sont capables d'atteindre à la fois le détail et l'ensemble des choses.

Théétète

C'est bien dit, et c'est ainsi qu'il faut nous y prendre.

L'étranger

En suivant la méthode de division que nous avons employée précédemment, je pense dès à présent apercevoir deux formes de l'art d'imiter ; mais dans laquelle se trouve l'aspect que nous cherchons, je ne me crois pas encore à même de le découvrir.

Théétète

Commence toujours par me dire et par distinguer les deux formes dont tu parles.

L'étranger

J'y en vois d'abord une, qui est l'art de copier. La meilleure copie est celle qui reproduit l'original en ses proportions de longueur, de largeur et de profondeur, et qui, en outre, donne à chaque partie les couleurs appropriées.

Théétète

Mais quoi ! est-ce que tous ceux qui imitent un modèle n'essayent pas d'en faire autant ?

L'étranger

Non pas ceux qui modèlent ou peignent des œuvres de grande envergure. Car s'ils reproduisaient les proportions réelles des belles formes, tu sais que les parties supérieures paraîtraient trop petites et les parties inférieures trop grandes, parce que nous voyons les unes de loin et les autres de près[2].

1 Platon songe ici à l'ordre que Datis reçut de Darius de lui amener prisonniers tous les Érétriens et tous les Athéniens. Arrivé à la frontière d'Érétrie, Datis commanda à ses soldats de s'étendre d'une mer à l'autre et de parcourir tout le territoire en se donnant la main, afin de pouvoir dite au roi que personne ne leur avait échappé. Cf. *Ménexène,* 240 a-c et *Lois,* 698 c. Il y a d'ailleurs un jeu de mots sur βασιλιχός, λόγος, *édit royal* et *raison souveraine.*
2 Cf. *République,* 602 c-d : « Les mêmes objets paraissent brisés ou droits, selon qu'on les regarde dans l'eau ou hors de l'eau, concaves ou convexes, suivant une

Théétète

Certainement.

L'étranger

Aussi les artistes ne s'inquiètent pas de la vérité et ne reproduisent point dans leurs figures les proportions réelles, mais celles qui paraîtront belles ; n'est-ce pas vrai ?

Théétète

Tout à fait.

L'étranger

Or cette imitation, n'est-il pas juste, puisqu'elle ressemble à l'original, de l'appeler copie ?

Théétète

Si.

L'étranger

Et, dans l'art d'imiter, la partie qui poursuit la ressemblance, ne faut-il pas l'appeler, comme nous l'avons déjà dit, l'art de copier ?

Théétète

Il le faut.

L'étranger

Mais quoi ! ce qui paraît, parce qu'on le voit d'une position défavorable, ressembler au beau, mais qui, si l'on est à même de voir exactement ces grandes figures, ne ressemble même pas à l'original auquel il prétend ressembler, de quel nom l'appellerons-nous ? Ne lui donnerons-nous pas, parce qu'il paraît ressembler, mais ne ressemble pas réellement, le nom de simulacre ?

Théétète

Sans contradiction.

L'étranger

Et n'est-ce pas là une partie tout à fait considérable de la peinture et de l'art d'imiter en général ?

---

autre illusion visuelle produite par les couleurs, et il est évident que tout cela jette le trouble dans notre âme. C'est à cette infirmité de notre nature que la peinture ombrée, l'art du charlatan et autres interventions du même genre s'adressent et appliquent tous les prestiges de la magie. »

Incontestablement.

L'étranger

Mais l'art qui produit un simulacre au lieu d'une image, ne serait-il pas très juste de l'appeler l'art du simulacre ?

Théétète

Très juste.

L'étranger

Voilà donc les deux espèces de fabrication des images dont je parlais, l'art de la copie et l'art du simulacre.

Théétète

C'est bien cela.

L'étranger

Quant à la question qui m'embarrassait, de savoir dans laquelle de ces deux classes il faut placer le sophiste, je n'arrive pas encore à y voir bien clair. C'est un personnage véritablement étonnant et très difficile à connaître, puisque le voilà encore une fois bel et bien caché dans une espèce difficile à découvrir.

Théétète

C'est ce qu'il semble.

L'étranger

Est-ce en connaissance de cause que tu me donnes ton assentiment, ou est-ce entraîné par l'argumentation et l'habitude, que tu t'es laissé aller à un acquiescement si rapide ?

Théétète

Que veux-tu dire et où tend ta question ?

L'étranger

XXIV. – C'est que réellement, bienheureux jeune homme, nous voilà engagés dans une recherche tout à fait épineuse, car paraître et sembler, sans être, parler, mais sans rien dire de vrai, tout cela a toujours été plein de difficultés, autrefois comme aujourd'hui. Car soutenir qu'il est réellement possible de dire ou de penser faux et, quand on a affirmé cela, qu'on n'est pas enchevêtré dans la contradiction, c'est véritablement, Théétète, difficile à concevoir.

Théétète

Pourquoi donc ?

L'étranger

C'est que cette assertion implique l'audacieuse supposition que le non-être existe, car, autrement, le faux ne pourrait pas être. Or le grand Parménide, mon enfant, au temps où nous étions enfants nous-mêmes, a toujours, du commencement jusqu'à la fin, protesté contre cette supposition et il a constamment répété en prose comme en vers :

Non, jamais on ne prouvera que le non-être existe.
Écarte plutôt ta pensée de cette route de recherche[1].

Tel est son témoignage. Mais le meilleur moyen d'obtenir une confession de la vérité, ce serait de soumettre l'assertion elle-même à une torture modérée. C'est là, par conséquent, ce dont nous avons à nous occuper d'abord, si tu le veux bien.

Théétète

En ce qui me touche, procède comme tu voudras. Considère seulement la meilleure manière de mener à terme l'argumentation, et va toi-même de l'avant : je te suivrai sur la route que tu prendras.

L'étranger

XXV. – C'est ce qu'il faut faire. Maintenant dis-moi : ce qui n'existe en aucune manière, oserons-nous bien l'énoncer ?

Théétète

Pourquoi pas ?

L'étranger

Il ne s'agit ni de chicaner ni de badiner ; mais, si l'un de ceux qui nous écoutent était sérieusement mis en demeure de réfléchir et de dire à quoi il fait appliquer ce terme de non-être, à quoi, à quelle sorte d'objet croyons-nous qu'il l'appliquerait et comment l'expliquerait-il à son questionneur ?

Théétète

Ta question est difficile, et je dirai presque insoluble pour un esprit comme le mien.

---

1 Cf. Diels, *Fragmente der Vorsokratiker,* frg. 7, et Aristote, *Métaphysique,* 1089 a, 2 et suiv.

L'étranger

En tout cas, voici qui est clair, c'est que le non-être ne peut être attribué à quelque être que ce soit.

Théétète

Comment le pourrait-il ?

L'étranger

Par conséquent, si on ne peut l'attribuer à l'être, on ne peut pas non plus l'appliquer justement à quelque chose.

Théétète

Comment cela ?

L'étranger

Il est évident aussi pour nous que, chaque fois que nous employons ce terme « quelque chose », nous l'appliquons à un être, car l'employer seul, pour ainsi dire nu et séparé de tous les êtres, c'est chose impossible, n'est-ce pas ?

Théétète

Impossible.

L'étranger

Si nous considérons la question de ce biais, m'accordes-tu que nécessairement celui qui dit quelque chose dit une certaine chose ?

Théétète

Oui.

L'étranger

Car, tu l'avoueras, quelque chose signifie une chose, et quelques choses signifient ou bien deux ou beaucoup.

Théétète

Comment ne pas l'accorder ?

L'étranger

Mais celui qui ne dit pas quelque chose, il est de toute nécessité, ce me semble, qu'il ne dise absolument rien.

Théétète

Oui, de toute nécessité.

L'étranger

Dès lors il ne faut même pas concéder que cet homme parle, il est vrai, mais ne dit rien ; mais il faut déclarer qu'il ne parle même pas, quand il entreprend d'énoncer le non-être.

Théétète

Voilà au moins qui mettrait fin aux difficultés de la question.

L'étranger

XXVI. – Ne chantons pas encore victoire ; car il reste encore, mon bienheureux ami, une difficulté, et c'est, de toutes, la plus grande et la première ; car elle se rapporte au commencement même du sujet.

Théétète

Que veux-tu dire ? Parle sans tergiverser.

L'étranger

À l'être on peut, j'imagine, adjoindre quelque autre être.

Théétète

Sans contredit.

L'étranger

Mais au non-être, dirons-nous qu'il soit jamais possible d'adjoindre quelque être ?

Théétète

Comment pourrions-nous le dire ?

L'étranger

Or nous rangeons parmi les êtres le nombre en général.

Théétète

S'il faut y ranger quelque chose, c'est bien le nombre.

L'étranger

Alors il ne faut même pas essayer de rapporter au non-être ni pluralité, ni unité.

Théétète

Nous aurions tort, ce semble, de l'essayer ; notre raisonnement nous le défend.

L'étranger

Alors comment exprimer par le discours ou même concevoir tant soit peu par la pensée les non-êtres et le non-être sans faire usage du nombre ?

Théétète

Explique-toi.

L'étranger

Quand nous parlons des non-êtres, n'essayons-nous pas d'y ajouter une pluralité de nombre ?

Théétète

Sans doute.

L'étranger

Et de non-être, d'y ajouter l'unité ?

Théétète

Oui, très nettement.

L'étranger

Et pourtant nous déclarons qu'il n'est ni juste ni correct de vouloir ajuster l'être au non-être.

Théétète

C'est très vrai.

L'étranger

Comprends-tu alors qu'il est proprement impossible soit de prononcer, soit de dire, soit de penser le non-être tout seul et qu'il est au contraire inconcevable, inexprimable, imprononçable et indéfinissable ?

Théétète

C'est tout à fait exact.

L'étranger

Me suis-je donc trompé tout à l'heure en disant que j'allais énoncer la plus grande difficulté du sujet ?

Théétète

Quoi donc ! Y en a-t-il encore une plus grande à citer ?

L'étranger

Quoi donc ! étonnant jeune homme, ne vois-tu pas par cela même qui vient d'être dit que le non-être réduit celui qui voudrait le réfuter à de telles difficultés que, lorsqu'il l'essaye, il est forcé de se contredire lui-même ?

Théétète

Comment dis-tu ? Explique-toi plus clairement.

L'étranger

Ce n'est pas à moi qu'il faut demander plus de clarté. Car après avoir posé en principe que le non-être ne doit participer ni de l'unité ni de la pluralité, j'ai dit par là même tout à l'heure et je répète maintenant encore qu'il est un ; car je dis le non-être. Tu comprends certainement.

Théétète

Oui.

L'étranger

J'ai dit aussi il n'y a qu'un instant qu'il est indéfinissable, inexprimable et imprononçable. Tu me suis ?

Théétète

Je te suis. Comment ne te suivrais-je pas ?

L'étranger

Est-ce qu'en essayant d'attacher l'être au non-être, je ne contredisais pas ce que j'avais dit auparavant ?

Théétète

Il semble.

L'étranger

Eh quoi ! en l'y attachant, n'en ai-je pas parlé comme si je l'attachais à une chose ?

Théétète

Si.

L'étranger

Et en l'appelant indéfinissable, inexprimable, imprononçable, n'en ai-je pas parlé comme de quelque chose d'un ?

Théétète

Sans doute.

L'étranger

Or nous disons que, pour parler avec propriété, il ne faut le définir ni comme un, ni comme plusieurs, ni même le nommer du tout, car en le nommant on lui donnerait la forme de l'unité.

Incontestablement.

XXVII. – Dès lors, à quoi bon parler encore de moi ? car en ce moment, comme tout à l'heure, on peut constater que je suis battu dans cette argumentation contre le non-être. Aussi, je l'ai déjà dit, ce n'est pas chez moi qu'il faut chercher la propriété du langage au sujet du non-être. Mais allons, cherchons-la chez toi à présent.

Que veux-tu dire ?

Allons, déploie-nous bravement et généreusement toutes tes forces, comme un jeune homme que tu es, et, sans attribuer au non-être ni l'existence, ni l'unité, ni la pluralité numérique, tâche d'énoncer quelque chose avec justesse sur le non-être.

Il me faudrait certainement avoir une terrible et ridicule envie de tenter l'entreprise pour m'y résoudre en voyant à quoi tu as abouti.

Eh bien, s'il te plaît, mettons-nous, toi et moi, hors de cause, et jusqu'à ce que nous rencontrions quelqu'un qui puisse se tirer de cette difficulté, jusque-là disons que le sophiste, avec une astuce sans égale, s'est dérobé dans une cachette impénétrable.

Il en a tout l'air.

En conséquence, si nous disons qu'il possède une sorte d'art fantasmagorique, il tirera facilement avantage des mots employés par nous pour nous contre-attaquer et les retourner contre nous, et, lorsque nous l'appellerons faiseur d'images, il nous demandera ce qu'après tout nous entendons par images. Il faut donc, Théétète, examiner quelle réponse on fera à la question de ce vigoureux adversaire.

Évidemment nous lui citerons les images réfléchies dans l'eau et dans les miroirs, les images peintes ou sculptées et toutes les autres du même genre.

L'étranger

XXVIII. – Il est clair, Théétète, que tu n'as jamais vu de sophiste.

Théétète

Pourquoi donc ?

L'étranger

Il te semblera qu'il a les yeux fermés ou qu'il n'a point d'yeux du tout.

Théétète

Comment cela ?

L'étranger

Quand tu lui feras réponse en ces termes, et que tu lui citeras les miroirs et les moulages, il rira de t'entendre lui parler comme à un homme qui voit clair. Il fera semblant de ne connaître ni les miroirs, ni l'eau, ni la vue même, et il se bornera à demander ce qu'on peut tirer de tes discours.

Théétète

Qu'est-ce donc ?

L'étranger

Ce qu'il y a de commun dans toutes ces choses que tu dis multiples et que tu as cru devoir appeler d'un seul nom, celui d'image, appliqué à toutes comme si elles étaient une seule chose. Parle donc et défends-toi sans céder un pouce à l'adversaire.

Théétète

Que pouvons-nous donc dire, étranger, qu'est l'image, sinon un second objet pareil, copié sur le véritable ?

L'étranger

Mais, à ton avis, cet objet pareil est-il véritable, ou à quoi appliques-tu ce mot « pareil » ?

Théétète

Véritable, non pas, mais ressemblant.

L'étranger

Le véritable, n'est-ce pas, selon toi, celui qui existe réellement ?

Théétète

Si.

L'étranger

Mais quoi ! ce qui n'est pas véritable, n'est-ce pas le contraire du vrai ?

Théétète

Naturellement.

L'étranger

Alors ce qui est ressemblant n'existe pas réellement, selon toi, puisque tu dis qu'il n'est pas véritable ?

Théétète

Mais il existe pourtant en quelque manière.

L'étranger

Mais non véritablement, dis-tu.

Théétète

Assurément non, sauf qu'il est réellement une image.

L'étranger

Alors, quoique n'étant pas réellement, il est réellement ce que nous appelons une image ?

Théétète

Il semble que voilà l'être et le non-être entrelacés et enchevêtrés ensemble d'une façon bien étrange.

L'étranger

Étrange assurément. Tu vois, en tout cas, que, par cet entre-croisement, le sophiste aux cent têtes nous a contraints une fois de plus à reconnaître, en dépit que nous en ayons, que le non-être existe en quelque façon.

Théétète

Je ne le vois que trop.

L'étranger

Mais alors comment pouvons-nous définir son art sans nous contredire nous-mêmes ?

Théétète

Que veux-tu dire, et que crains-tu pour parler de la sorte ?

L'étranger

Quand nous disons qu'il nous trompe par des fantômes et que son art est un art de tromperie, disons-nous alors que notre âme se forme des opinions fausses par l'effet de son art ? sinon, que pourrons-nous dire ?

Théétète

Cela même ; car que pourrions-nous dire d'autre ?

L'étranger

Mais penser faux sera-ce penser le contraire de ce qui est, ou que sera-ce ?

Théétète

Le contraire de ce qui est.

L'étranger

Tu soutiens donc que penser faux, c'est penser ce qui n'est pas ?

Théétète

Nécessairement.

L'étranger

Est-ce penser que ce qui n'est pas n'existe pas, ou que ce qui n'est en aucune façon existe en quelque façon ?

Théétète

Il faut certainement penser que ce qui n'est pas existe en quelque façon, si l'on veut que l'erreur soit possible si peu que ce soit.

L'étranger

Et de même que ce qui existe absolument n'existe absolument pas.

Théétète

Oui.

L'étranger

Et que c'est encore là une fausseté.

Théétète

C'en est encore une.

L'étranger

On jugera de même, j'imagine, qu'un discours est faux, s'il affirme que ce qui est n'est pas et que ce qui n'est pas est.

Théétète

En effet, de quelle autre manière pourrait-il être faux ?

L'étranger

Je n'en vois guère d'autre. Mais cela, le sophiste n'en conviendra pas. Et le moyen qu'un homme raisonnable en convienne, quand il a été reconnu précédemment que les non-êtres sont imprononçables, inexprimables, indéfinissables et inconcevables ? Comprenons-nous bien, Théétète, ce que peut dire le sophiste ?

Théétète

Comment ne pas comprendre qu'il nous reprochera de dire le contraire de ce que nous disions tout à l'heure, quand nous avons eu l'audace d'affirmer qu'il y a de l'erreur dans les opinions et dans les discours ? Nous sommes en effet constamment obligés de joindre l'être au non-être, après être convenus tout à l'heure que c'était la chose du monde la plus impossible.

L'étranger

XXIX. – Tu as bonne mémoire. Mais voici le moment de décider ce qu'il faut faire au sujet du sophiste ; car tu vois que si, continuant à le scruter, nous le plaçons dans la classe des artisans de mensonges et des charlatans, les objections et les difficultés se présentent d'elles-mêmes et en foule.

Théétète

Je ne le vois que trop.

L'étranger

Et encore n'en avons-nous passé en revue qu'une petite partie : elles sont, pourrait-on dire, infinies.

Théétète

Impossible, ce semble, de saisir le sophiste, s'il en est ainsi.

L'étranger

Quoi donc ! Allons-nous perdre courage à présent et quitter la partie ?

Théétète

Mon avis à moi, c'est qu'il ne le faut pas, si nous pouvons avoir tant soit peu prise sur notre homme.

L'étranger

Tu seras donc indulgent et, comme tu viens de le dire, tu seras content, si nous trouvons moyen de nous libérer tant soit peu de l'étreinte d'un si fort argument.

Théétète

Tu n'as pas à en douter.

L'étranger

Maintenant j'ai encore une prière plus pressante à t'adresser.

Théétète

Laquelle ?

L'étranger

De ne pas me regarder comme une sorte de parricide.

Théétète

Qu'est-ce à dire ?

L'étranger

C'est qu'il nous faudra nécessairement, pour nous défendre, mettre à la question la thèse de notre père Parménide et prouver par la force de nos arguments que le non-être est sous certain rapport, et que l'être, de son côté, n'est pas en quelque manière.

Théétète

Évidemment, c'est là le point à débattre dans notre discussion.

L'étranger

On ne peut plus évident, même, comme on dit, pour un aveugle ; car, tant qu'on n'aura pas réfuté ou accepté la théorie de Parménide, on ne pourra guère parler de discours faux ou d'opinion fausse, ni de simulacres, ni d'images, ni d'imitations, ni d'apparences, ni non plus des arts qui s'y rapportent, sans échapper au ridicule d'inévitables contradictions.

Théétète

C'est très vrai.

L'étranger

Voilà pourquoi il faut attaquer à présent la thèse de notre père, ou, si quelque scrupule nous empêche de le faire, renoncer absolument à la question.

Théétète

Non, il ne faut nous arrêter à aucun obstacle d'aucune sorte.

L'étranger

En ce cas, je te ferai pour la troisième fois une petite requête.

Théétète

Tu n'as qu'à parler.

L'étranger

J'ai dit tout à l'heure que, pour une telle réfutation, je me suis toujours senti impuissant et que je le suis encore à présent.

Théétète

Tu l'as dit.

L'étranger

J'ai peur qu'après un tel aveu, tu ne me prennes pour un fou, en me voyant passer tout d'un coup d'une extrémité à l'autre. Au fait, c'est pour te complaire que je vais entreprendre cette réfutation, si réfutation il y a.

Théétète

Persuade-toi que je ne trouverai absolument rien à redire à ce que tu te lances dans cette réfutation et cette démonstration. À cet égard, tu peux avoir confiance et aller de l'avant.

L'étranger

XXX. – Voyons, par où commencerons-nous cette périlleuse discussion ? Selon moi, mon enfant, voici le chemin qu'il nous faut suivre de préférence.

Théétète

Lequel ?

L'étranger

C'est d'examiner d'abord les choses qui nous semblent évidentes, de peur que nous n'en ayons des notions confuses, et que nous ne nous les accordions réciproquement avec trop de facilité, comme si nous en avions des idées bien nettes.

Théétète

Exprime plus clairement ce que tu veux dire.

L'étranger

Il me semble que Parménide et tous ceux qui ont jamais entrepris de discerner et de déterminer le nombre et la nature des êtres en ont pris bien à leur aise pour nous en parler.

Théétète

Comment ?

L'étranger

Ils m'ont tous l'air de réciter une fable comme à des enfants. L'un dit que les êtres sont au nombre de trois et que certains d'entre eux, tantôt se font une sorte de guerre, et tantôt, devenant amis, se marient, ont des enfants et les élèvent[1]. Un autre prétend qu'il y en a deux, l'humide et le sec, ou le chaud et le froid, qu'il loge et marie ensemble[2]. Chez nous, l'école d'Élée, à dater de Xénophane et même de plus haut, tient ce qu'on appelle le tout pour un seul être et nous le présente comme tel en ses mythes. Plus tard, certaines Muses d'Ionie et de Sicile[3] ont réfléchi que le plus sûr est de combiner les deux thèses et de dire que l'être est à la fois multiple et un et qu'il se maintient par la haine et par l'amitié. Son désaccord est en effet un éternel accord, disent les Muses à la voix plus tendue[4] ; mais celles dont la voix est plus molle ont relâché la rigueur de cette lutte perpétuelle ; elles disent que, soumis à l'alternance, le tout est tantôt un et en bonne harmonie sous l'influence d'Aphrodite, et tantôt multiple et en guerre avec lui-même par suite de je ne sais quelle discorde[5]. En tout cela, lequel d'entre eux a dit vrai ou faux, il serait difficile de le décider, et il serait malséant de critiquer en des matières si hautes des hommes illustres et anciens. Mais voici ce qu'on peut déclarer sans encourir de blâme.

Théétète

Quoi ?

1 Il s'agit de certains Ioniens qui posaient une seule matière, à laquelle ils adjoignaient deux forces opposées qui avaient le pouvoir d'unir et de séparer.

2 Par exemple Archélasos, disciple d'Anaxagore, et beaucoup d'autres.

3 C'est-à-dire Héraclite d'Éphèse et Empédocle d'Agrigente.

4 Héracite affirmait que l'unité s'opposant à elle-même produit l'accord comme l'harmonie de l'arc et de la lyre *(Banquet,* 187 a). C'est à cette comparaison célèbre de l'unité s'opposant à elle-même comme les cordes tendues à la lyre ou à l'arc que l'expression « les Muses à la voix plus tendue » fait allusion.

5 À cette énumération de philosophes, comparez celle d'Isocrate parlant des anciens sophistes : « Pour l'un, il y a une infinité d'êtres ; pour Empédocle, quatre, parmi lesquels règnent la Haine et l'Amitié ; pour Ion, seulement trois ; pour Alcméon, rien que deux, pour Parménide et Mélissos, un ; pour Gorgias, absolument aucun. » *Or.,* XV, 268.

L'étranger

C'est qu'ils ont eu trop peu d'égards et de considération pour la foule que nous sommes ; car, sans se mettre en peine si nous pouvons suivre leur argumentation ou si nous restons en arrière, chacun d'eux va son chemin jusqu'au bout.

Théétète

Que veux-tu dire ?

L'étranger

Lorsque l'un d'eux prononce qu'il existe, ou qu'il est né, ou qu'il naît plusieurs êtres, ou un seul, ou deux, et qu'un autre parle du chaud mélangé au froid, en supposant des séparations et des combinaisons, au nom des dieux, Théétète, comprends-tu ce qu'ils veulent dire par chacune de ces choses ? Pour moi, quand j'étais plus jeune, chaque fois qu'on parlait de ce qui nous embarrasse à présent, du non-être, je m'imaginais le comprendre exactement. Mais aujourd'hui tu vois à quel point il nous embarrasse.

Théétète

Je le vois.

L'étranger

Or il se peut fort bien que notre âme soit dans le même état relativement à l'être lorsqu'on en parle, nous pensons le comprendre sans difficulté, et ne pas comprendre l'autre terme ; mais en réalité nous en sommes au même point en ce qui regarde l'un et l'autre.

Théétète

Cela se peut.

L'étranger

Il faut en dire autant des autres termes dont nous avons parlé précédemment.

Théétète

Certainement.

L'étranger

XXXI. – Nous examinerons plus tard, si tu le veux, la plupart d'entre eux ; mais à présent c'est le plus grand, le chef, qu'il faut examiner d'abord.

Théétète

Lequel veux-tu dire ? Évidemment, c'est de l'être, selon toi, qu'il faut nous occuper d'abord, pour voir ce que ceux qui l'énoncent pensent qu'il signifie.

L'étranger

Tu as saisi ma pensée au bond, Théétète. Voici, selon moi, la méthode que nous avons à suivre, c'est de les questionner, comme s'ils étaient présents, de la manière que voici : Allons, vous tous qui prétendez que le tout est le chaud et le froid, ou deux principes semblables, qu'est-ce que peut bien vouloir dire cette expression que vous appliquez au couple, quand vous dites de l'un et l'autre ou de chacun séparément qu'il est ? Que faut-il que nous entendions par votre être ? Est-ce un troisième principe ajouté aux deux autres ? Faut-il admettre que le tout est trois, selon vous, et non plus deux ? Car, si vous réservez le nom d'être à l'un des deux, vous ne dites plus qu'ils sont également tous deux, et quel que soit l'élément que vous appellerez être, il ne saurait guère y en avoir qu'un, et non pas deux.

Théétète

Tu dis vrai.

L'étranger

Alors est-ce le couple que vous voulez appeler être ?

Théétète

Peut-être.

L'étranger

Mais alors, amis, répliquerons-nous, de cette manière encore vous affirmez très nettement que les deux ne sont qu'un.

Théétète

Ta réplique est on ne peut plus juste.

L'étranger

Puis donc que nous sommes embarrassés, c'est à vous à nous expliquer clairement ce que vous voulez désigner quand vous prononcez le mot être ; car il est évident que vous savez cela depuis longtemps. Nous-mêmes jusqu'ici nous croyions le savoir, mais à présent nous sommes dans l'embarras. Commencez donc par nous renseigner là-dessus, afin que nous ne nous figurions pas comprendre ce que vous dites, tandis que ce serait tout le contraire. En parlant ainsi et en faisant cette requête à ces gens et à tous ceux qui prétendent que le tout est plus qu'un, ne serions-nous pas, mon enfant, dans la note juste ?

Théétète

Absolument.

L'étranger

XXXII. – Mais quoi ! ne faut-il pas nous informer, comme nous pourrons, auprès de ceux qui disent que le tout est un, de ce qu'ils entendent par l'être ?

Théétète

Naturellement, il le faut.

L'étranger

Alors, qu'ils répondent à cette question : Vous affirmez, je crois, qu'il n'y a qu'un être ? – Nous l'affirmons en effet, répondront-ils, n'est-il pas vrai ?

Théétète

Oui.

L'étranger

Et ce nom d'être, vous l'appliquez à quelque chose ?

Théétète

Oui.

L'étranger

Est-ce la même chose que l'un et employez-vous deux noms pour désigner le même objet, ou que faut-il en penser ?

Théétète

Que vont-ils répondre à cette question, étranger ?

L'étranger

Il est clair, Théétète, que celui qui soutient cette hypothèse ne trouvera pas que c'est la chose du monde la plus aisée de répondre à la question présente, ni à toute autre question que ce soit.

Théétète

Comment cela ?

L'étranger

Reconnaître qu'il y a deux noms, après avoir posé qu'il n'y a que l'un, c'est quelque peu ridicule.

Théétète

Sans aucun doute.

L'étranger

Et en général il serait déraisonnable d'approuver quelqu'un qui dirait qu'un nom a quelque existence.

Théétète

En quoi ?

L'étranger

En ce que poser que le nom est autre que la chose, c'est dire qu'il y a deux choses.

Théétète

Oui.

L'étranger

En outre, poser le nom comme identique à la chose, c'est forcément dire qu'il n'est le nom de rien, ou, si l'on veut qu'il soit le nom de quelque chose, il s'ensuivra que le nom sera uniquement le nom d'un nom et de rien d'autre.

Théétète

C'est vrai.

L'étranger

Et que l'un, n'étant que l'unité de l'un, ne sera lui-même que l'unité d'un nom.

Théétète

Nécessairement.

L'étranger

Et le tout, diront-ils qu'il est autre que l'un qui est, ou qu'il lui est identique ?

Théétète

Certainement ils diront et ils disent qu'il lui est identique..

L'étranger

Si donc c'est un tout, comme le dit Parménide lui-même :

Semblable à la masse d'une sphère de toutes parts bien arrondie,
Partout équidistant du centre ; car qu'il soit plus grand
Ou plus petit d'un côté que de l'autre, cela ne se peut[1],
l'être qui est tel a un milieu et des extrémités, et, s'il a tout cela, il est de toute nécessité qu'il ait des parties, n'est-il pas vrai ?

Théétète

Si.

L'étranger

Cependant rien n'empêche une chose ainsi divisée de posséder l'unité en tant qu'ensemble de parties et par là même d'être une, puisqu'elle est une somme et un tout.

Théétète

Qui l'en empêcherait ?

L'étranger

Mais dans ces conditions n'est-il pas impossible que la chose soit l'un même ?

Théétète

Comment ?

L'étranger

Parce qu'il faut admettre que ce qui est véritablement un, au sens exact du mot, doit être absolument sans parties.

Théétète

En effet.

L'étranger

Et une chose ainsi constituée de plusieurs parties ne répondra pas à cette définition.

Théétète

Je comprends.

L'étranger

Mais est-ce que l'être affecté d'un caractère d'unité sera un être un et un tout, ou bien nierons-nous absolument que l'être soit un tout ?

---

1 Cf. Diels, *Vorsokratiker,* 13, p. 156 (frg. 8, 43).

Théétète

C'est un choix difficile que tu me proposes là.

L'étranger

Rien n'est plus vrai que ce que tu dis. Car l'être à qui s'ajoute cette sorte d'unité n'apparaîtra point identique à l'un et le tout sera plus qu'un.

Théétète

Oui.

L'étranger

En outre, si l'être n'est pas tout, pour avoir reçu de l'un ce caractère d'unité, et si le tout absolu existe, il s'ensuit que l'être se fait défaut à lui-même.

Théétète

Assurément.

L'étranger

Et suivant ce raisonnement, l'être, étant privé de lui-même, ne sera pas être.

Théétète

C'est juste.

L'étranger

Et le tout devient encore une fois plus que l'un, puisque l'être et le tout ont reçu chacun de leur côté une nature qui leur est propre.

Théétète

Oui.

L'étranger

Mais si le tout n'existe absolument pas, il en est de même de l'être, et non seulement il n'est pas, mais il ne pourra jamais même exister.

Théétète

Pourquoi donc ?

L'étranger

Ce qui est devenu est toujours devenu sous la forme d'un tout, de sorte qu'il ne faut reconnaître ni existence ni génération comme réelles, si l'on ne met l'un ou le tout au nombre des êtres.

Théétète

Il est tout à fait vraisemblable qu'il en soit ainsi.

L'étranger

En outre, ce qui n'est pas un tout ne saurait non plus avoir aucune quantité ; car ce qui a une quantité, quelle qu'elle soit, par cette quantité même forme nécessairement un tout.

Théétète

Assurément.

L'étranger

Et mille autres problèmes, chacun enveloppant des difficultés inextricables, surgiront pour celui qui prétend que l'être est, soit deux, soit un seulement.

Théétète

C'est ce que prouvent assez celles que nous venons d'entrevoir : elles s'enchaînent l'une à l'autre et suscitent des doutes toujours plus grands et plus inquiétants sur toutes les questions déjà traitées.

L'étranger

XXXIII. – Nous n'avons pas passé en revue tous ceux qui ont minutieusement traité la question de l'être et du non-être[1], mais ce que nous en avons dit doit suffire. Il faut considérer maintenant ceux qui professent des doctrines différentes[2], afin de nous convaincre par un examen complet qu'il n'est pas plus aisé de définir la nature de l'être que celle du non-être.

Théétète

Il faut donc en venir à ceux-là aussi.

L'étranger

Il semble vraiment qu'il y ait entre eux comme un combat de géants, tant ils contestent entre eux sur l'être.

Théétète

Comment cela ?

---

1 Ceux qui ont traité de l'être sont les Ioniens, les Éléates, Héraclite, Empédocle ; ceux qui ont étudié les rapports de l'être et du non-être sont les Éléates et les Mégariques ; ceux qui ont enseigné que le non-être ne pouvait même pas être pensé sont Gorgias, Protagoras, Antisthène et d'autres.
2 Ceux-ci sont d'abord les atomistes, qui plaçaient l'être dans les corps, puis ceux qui le plaçaient dans les idées seules.

L'étranger

Les uns tirent sur la terre tout ce qui tient au ciel et à l'invisible, enserrant littéralement rocs et chaînes dans leurs bras. Comme ils n'étreignent que des objets de cette sorte, ils soutiennent opiniâtrement que cela seul existe qui offre de la résistance et se laisse toucher ; ils définissent le corps et l'existence comme identiques[1] et, si un philosophe d'une autre secte prétend qu'il existe des êtres sans corps, ils ont pour lui un souverain mépris et ne veulent plus rien entendre.

Théétète

Ce sont là, ma foi, des gens intraitables ; car j'en ai moi-même souvent rencontré.

L'étranger

C'est pourquoi ceux qui contestent contre eux se défendent avec beaucoup de circonspection du haut de quelque région invisible et les forcent de reconnaître certaines idées intelligibles et incorporelles pour la véritable essence. Quant aux corps de leurs adversaires et à ce que ceux-ci appellent la vérité, ils la brisent en menus morceaux dans leur argumentation, et, au lieu de l'essence, ne leur accordent qu'un mobile devenir[2]. Sur ce terrain, Théétète, il y a toujours une lutte acharnée entre les deux camps.

Théétète

C'est vrai.

L'étranger

Maintenant demandons à ces deux races de nous expliquer ce qu'elles tiennent pour l'essence.

Théétète

Comment en tirerons-nous cette explication ?

L'étranger

De ceux qui placent l'existence dans les idées, nous l'obtiendrons

---

1 Cf. *Théétète,* 155 e, où Socrate parle des atomistes en ces termes : « Ce sont des gens qui croient qu'il n'existe pas autre chose que ce qu'ils peuvent saisir à pleines mains et qui ne reçoivent au rang des êtres ni les actions, ni les genèses, ni tout ce qui est invisible. »

2 Ces adversaires des atomistes sont les Mégariques, qui, partant de la doctrine de Parménide, n'accordaient l'être qu'aux idées ou formes rigides, immuables, éternelles, sans communication entre elles.

plus facilement, car ils sont d'humeur plus douce ; mais de ceux qui ramènent tout de vive force au corps, ce sera plus difficile, peut-être même presque impossible. Mais voici, ce me semble, comment il faut en user avec eux.

Théétète

Voyons.

L'étranger

Le mieux, s'il y avait quelque moyen d'y arriver, serait de les rendre réellement meilleurs. Mais, si cela n'est pas en notre pouvoir, faisons-les tels en imagination et supposons qu'ils consentent à nous répondre avec plus de civilité qu'ils ne font à présent. L'assentiment des honnêtes gens a, je pense, plus de poids que celui des malhonnêtes. D'ailleurs ce n'est pas d'eux que nous nous préoccupons, nous ne cherchons que la vérité.

Théétète

Très juste.

L'étranger

XXXIV. – Demande donc à ceux qui sont devenus meilleurs de te répondre et fais-toi l'interprète de leurs déclarations.

Théétète

Je veux bien.

L'étranger

Qu'ils disent donc s'ils admettent qu'un animal vivant mortel soit quelque chose.

Théétète

Naturellement, ils l'admettent.

L'étranger

Et cet être vivant, n'accordent-ils pas que c'est un corps animé ?

Théétète

Si fait.

L'étranger

Ils mettent ainsi l'âme au rang des êtres ?

Théétète

Oui.

L'étranger

Et en parlant de l'âme, ne disent-ils pas que l'une est juste et l'autre injuste, celle-ci sensée et celle-là insensée ?

Théétète

Sans doute.

L'étranger

Or n'est-ce pas par la possession et la présence de la justice que chaque âme devient telle et par la présence du contraire qu'elle devient le contraire ?

Théétète

Si, cela encore ils l'accordent.

L'étranger

Mais ce qui est capable de devenir présent quelque part ou d'en être absent, ils admettront que c'est certainement quelque chose qui existe ?

Théétète

Ils en conviennent effectivement.

L'étranger

Si donc la justice existe, ainsi que la sagesse et la vertu en général et leurs contraires, et si l'âme qui en est le siège existe aussi, y a-t-il quelqu'une de ces réalités qu'ils reconnaissent comme visible et tangible, ou prétendent-ils qu'elles sont toutes invisibles ?

Théétète

Ils disent qu'il n'y en a à peu près aucune de visible.

L'étranger

Et ces réalités invisibles, ont-elles un corps, selon eux ?

Théétète

Ici, ils ne se bornent plus à une seule et même réponse. Pour l'âme, ils croient qu'elle a une sorte de corps ; mais pour la sagesse et les autres réalités sur lesquelles tu les as interrogés, ils éprouvent quelque honte et n'osent ni avouer qu'elles n'ont aucune existence, ni affirmer catégoriquement qu'elles sont toutes des corps.

L'étranger

Il est clair, Théétète, que nos gens sont devenus plus honnêtes ;

car ceux d'entre eux qui ont été semés et sont issus de la terre[1] ne ressentiraient aucune honte ; ils soutiendraient, au contraire, que tout ce qu'ils ne peuvent étreindre de leurs mains n'existe absolument pas.

Théétète

C'est bien là le fond de leur pensée.

L'étranger

Continuons donc à les interroger ; car, s'ils consentent à accorder qu'il existe quelque être incorporel, si petit soit-il, cela suffit. Il faut, en effet, qu'ils définissent ce qu'ils trouvent de commun entre les choses incorporelles et les corporelles, pour pouvoir dire des unes comme des autres qu'elles existent. Il est possible qu'ils soient embarrassés pour le faire ; s'ils le sont en effet, examine si, sur notre proposition, ils consentiraient à admettre et à avouer une définition de l'être comme celle-ci.

Théétète

Laquelle donc ? Parle, et nous saurons à quoi nous en tenir.

L'étranger

Je dis que ce qui possède naturellement une puissance quelconque, soit d'agir sur n'importe quelle autre chose, soit de subir l'action, si petite qu'elle soit, de l'agent le plus insignifiant, et ne fût-ce qu'une seule fois, tout ce qui la possède est un être réel ; car je pose comme une définition qui définit les êtres, qu'ils ne sont autre chose que puissance.

Théétète

Comme ils n'ont eux-mêmes en ce moment aucune définition meilleure à proposer, ils acceptent celle-là.

L'étranger

C'est bien. Peut-être, en effet, par la suite, nous, comme eux, serons-nous d'un autre avis. Pour le moment, que cela reste convenu entre eux et nous.

Théétète

C'est entendu.

---

1 Par ces hommes nés des dents du dragon semées par Cadmos, l'étranger désigne des âmes matérielles, qui n'ont rien de commun avec les âmes venues du ciel et avec le monde invisible. Platon vise ici les atomistes et sans doute aussi Antisthène et Aristippe.

L'étranger

XXXV. – Passons maintenant aux autres, aux amis des idées[1], et toi, interprète-nous encore leur doctrine.

Théétète

Je veux bien.

L'étranger

Vous séparez la génération de l'être, et vous en parlez comme de choses distinctes, n'est-ce pas ?

Théétète

Oui.

L'étranger

Et c'est par le corps, au moyen de la sensation, que nous entrons en rapport avec la génération, mais par l'âme, au moyen de la pensée, que nous communiquons avec l'être véritable, lequel, dites-vous, est toujours identique à lui-même et immuable, tandis que la génération varie selon le temps.

Théétète

C'est en effet ce que nous disons.

L'étranger

Mais par cette communication, excellentes gens que vous êtes, que devons-nous croire que vous entendez dans les deux cas ? N'est-ce pas ce que nous disions tout à l'heure ?

Théétète

Quoi ?

L'étranger

La passion ou l'action résultant d'une puissance qui s'exerce par suite de la rencontre de deux objets. Peut-être que toi, Théétète, tu n'entends pas leur réponse à cette explication, mais il se peut que

---

1 On n'est pas d'accord sur les philosophes que l'étranger désigne ici par les amis des idées ou des formes. On a cru longtemps que c'étaient les Mégariques ; mais les rares textes qui les concernent font voir en eux des partisans de l'unité absolue, et non d'une pluralité intelligible. On a supposé aussi qu'il s'agissait d'une fraction de l'école platonicienne, dirigée par Speusippe, pendant le troisième voyage de Platon en Sicile. Burnet voit en eux les derniers pythagoriciens. A. Diès croit que ces amis des formes sont une création littéraire de Platon, un « éléatisme littérairement imaginé ». Il faudrait mieux connaître, pour se prononcer, les courants d'idées qu'avaient suscités soit l'éléatisme, soit la théorie des Idées de Platon.

moi, je l'entends, parce que je suis familier avec eux.

Théétète

Quel langage tiennent-ils donc ?

L'étranger

Ils ne nous accordent pas ce que nous avons dit tout à l'heure aux fils de la terre au sujet de l'être.

Théétète

Qu'était-ce ?

L'étranger

Nous avons cru définir les êtres d'une manière satisfaisante par la présence du pouvoir de subir ou d'agir sur la chose même la plus insignifiante.

Théétète

Oui.

L'étranger

À cela voici ce qu'ils répondent : la génération participe bien de la puissance de pâtir et d'agir, mais pour l'être, ni l'une ni l'autre de ces puissances ne lui convient.

Théétète

N'y a-t-il pas quelque chose en ce qu'ils disent ?

L'étranger

Quelque chose à quoi il nous faut répliquer en disant que nous avons besoin d'apprendre d'eux plus clairement s'ils accordent aussi que l'âme connaît et que l'être est connu.

Théétète

Pour cela, ils l'accordent.

L'étranger

Eh bien, connaître ou être connu, est-ce, à votre avis, action ou passion, ou l'une et l'autre à la fois ? Ou bien l'un est-il passion, l'autre action ? Ou bien ni l'un ni l'autre n'ont-ils absolument aucun rapport ni avec l'un ni avec l'autre ?

Théétète

Évidemment ni l'un ni l'autre avec ni l'un ni l'autre, car ils seraient en contradiction avec ce qu'ils ont dit précédemment.

L'étranger

Je comprends ; mais il y a une chose qu'ils avoueront c'est que, si connaître, c'est agir, par contre, il s'ensuit nécessairement que ce qui est connu pâtit. Suivant ce raisonnement, l'être, étant connu par la connaissance, et dans la mesure où il est connu, sera mû dans cette mesure, puisqu'il est passif, et cela, disons-nous, ne peut arriver à ce qui est en repos.

Théétète

C'est juste.

L'étranger

Mais, au nom de Zeus, nous laisserons-nous si aisément persuader que le mouvement, la vie, l'âme, la pensée n'ont vraiment pas de place en l'être absolu, qu'il ne vit ni ne pense, et que, vénérable et sacré, dénué d'intelligence, il reste figé et sans mouvement ?

Théétète

Ce serait vraiment, étranger, une étrange concession que nous ferions là.

L'étranger

Mais admettrons-nous qu'il a l'intelligence sans avoir la vie ?

Théétète

Et comment l'admettre ?

L'étranger

Eh bien, dirons-nous qu'il a en lui ces deux attributs, en déclarant que ce n'est pas dans l'âme qu'il les possède ?

Théétète

Et de quelle autre façon les posséderait-il ?

L'étranger

Il aurait donc l'intelligence, la vie et l'âme, et cependant, tout animé qu'il est, il resterait absolument figé et immobile ?

Théétète

Tout cela me paraît absurde.

L'étranger

Il faut donc admettre que ce qui est mû et le mouvement sont des êtres.

Théétète

Comment faire autrement ?

L'étranger

Il suit donc de là, Théétète, que, si les êtres sont immobiles, il n'y a d'intelligence nulle part, en aucun sujet, ni touchant aucun objet.

Théétète

Assurément.

L'étranger

D'un autre côté, si nous accordons que tout se déplace et se meut, c'est encore une doctrine qui exclut l'intelligence du nombre des êtres.

Théétète

Comment ?

L'étranger

Te semble-t-il que ce qui est identique à soi-même et dans le même état relativement au même objet eût jamais existé sans la stabilité ?

Théétète

Aucunement.

L'étranger

Et quand ces conditions manquent, vois-tu que l'intelligence existe ou ait jamais existé quelque part[1] ?

Théétète

Pas du tout.

L'étranger

Or il faut combattre avec toutes les forces du raisonnement contre celui qui, abolissant la science, la pensée, l'intelligence, exprime une affirmation quelconque sur quelque chose.

---

1 Cf. *Cratyle,* 440 a-b : « On ne peut même pas dire, Cratyle, qu'il y ait connaissance, si tout change et si rien ne demeure fixe ; car si cette chose même que nous appelons connaissance ne cesse pas d'être connaissance, alors la connaissance peut subsister toujours, et il y a connaissance. Mais si la forme même de la connaissance vient à changer, elle se change en une autre forme que la connaissance, et du coup il n'y a plus de connaissance, et si elle change toujours, il n'y aura jamais connaissance, et, pour la même raison, il n'y aura ni sujet qui connaisse ni objet à connaître. »

Théétète

Très certainement.

L'étranger

Pour le philosophe donc, qui met ces biens au-dessus de tout, c'est, ce me semble, une absolue nécessité de rejeter la doctrine de l'immobilité universelle que professent les champions soit de l'un, soit des formes multiples, comme aussi de faire la sourde oreille à ceux qui meuvent l'être en tout sens. Il faut qu'il imite les enfants qui désirent les deux à la fois[1], qu'il reconnaisse tout ce qui est immobile et tout ce qui se meut, l'être et le tout en même temps.

Théétète

C'est la vérité même.

L'étranger

XXXVI. – Quoi donc ! Ne semble-t-il pas à présent que nous ayons assez bien saisi l'être dans notre définition ?

Théétète

C'est incontestable.

L'étranger

Hélas ! Théétète, je crois, moi, que nous allons connaître maintenant combien l'examen de l'être offre de difficulté.

Théétète

Comment encore, et qu'entends-tu par là ?

L'étranger

Bienheureux jeune homme, ne vois-tu pas que nous sommes à présent dans l'ignorance la plus profonde au sujet de l'être, tout en croyant que nous en parlons sensément ?

Théétète

Moi, je le croyais encore, et je ne vois pas bien en quoi nous nous sommes ainsi abusés.

L'étranger

Cherche donc à voir plus clairement si, à propos de nos dernières conclusions, on n'aurait pas le droit de nous poser les mêmes questions que nous avons posées nous-mêmes à ceux qui disent

---

1 Schleiermacher pensait à un jeu d'enfants. Il s'agit peut-être tout simplement d'une réponse d'enfant, qui, prié de choisir entre deux choses, demande qu'on lui donne les deux.

que le tout consiste dans le chaud et le froid.

Quelles questions ? Rappelle-les-moi.

Volontiers, et j'essaierai de le faire en te questionnant comme je les ai questionnés, afin que du même coup nous progressions quelque peu.

Bien.

Voyons donc : le mouvement et le repos ne sont-ils pas, à ton avis, directement opposés l'un à l'autre ?

Sans contredit.

Et pourtant tu affirmes que tous les deux et chacun d'eux existent également ?

Oui, je l'affirme.

Et quand tu leur accordes l'être, tu entends que tous les deux et chacun d'eux se meuvent ?

Pas du tout.

Alors entends-tu qu'ils sont en repos, en disant qu'ils existent tous les deux ?

Impossible.

Tu poses donc l'être dans l'âme comme une troisième chose ajoutée aux deux autres, pensant que le repos et le mouvement sont compris en lui. Tu les embrasses ensemble et, considérant leur communauté avec l'être, c'est ainsi que tu en es venu à dire qu'ils existent tous les deux ?

Théétète

Il semble véritablement que nous distinguions l'être comme une troisième chose, quand nous disons que le mouvement et le repos existent.

L'étranger

L'être n'est donc pas le mouvement et le repos pris ensemble, mais quelque chose d'autre qu'eux.

Théétète

Il semble.

L'étranger

Donc, par sa nature propre, l'être n'est ni en repos ni en mouvement.

Théétète

Probablement.

L'étranger

De quel côté faut-il donc tourner sa pensée, si l'on veut se faire une idée claire et solide de l'être ?

Théétète

De quel côté en effet ?

L'étranger

J'imagine qu'il n'est pas facile à trouver désormais ; car, si une chose n'est pas en mouvement, comment peut-elle n'être pas en repos, et, si elle n'est pas du tout en repos, comment peut-elle n'être pas en mouvement ? Or l'être vient de nous apparaître en dehors de cette alternative. Est-ce donc possible, cela ?

Théétète

C'est la chose du monde la plus impossible.

L'étranger

Maintenant il y a une chose qu'il est juste de rappeler à ce sujet.

Théétète

Quelle chose ?

L'étranger

C'est que, quand on nous a demandé à quoi il fallait appliquer le mot de non-être, nous avons été en proie au plus grand embarras.

Tu t'en souviens ?

Naturellement.

L'étranger

Eh bien, à présent notre embarras est-il moindre à propos de l'être ?

Théétète

Pour moi, étranger, il m'apparaît, si je puis dire, plus grand encore.

L'étranger

Alors restons-en là sur ce point embarrassant. Mais puisque l'être et le non-être nous embarrassent également, nous pouvons dès lors espérer que tout ce qui fera paraître l'un dans un jour plus obscur ou plus clair, nous donnera la même lumière sur l'autre. Que si nous ne parvenons à voir ni l'un ni l'autre, nous n'en poursuivrons pas moins notre discussion du mieux qu'il nous sera possible en ne les séparant pas.

Théétète

Bien.

L'étranger

Expliquons maintenant comment il se fait que nous appelons une seule et même chose de plusieurs noms.

Théétète

Comment ? Cite un exemple.

L'étranger

XXXVII. – Quand nous parlons d'un homme, nous lui donnons de multiples dénominations ; nous lui attribuons des couleurs, des formes, une taille, des vices et des vertus et, dans toutes ces attributions et dans mille autres, nous disons de lui non seulement qu'il est homme, mais qu'il est bon et qu'il a d'autres qualités sans nombre. Il en va de même avec tous les autres objets : nous posons chacun d'eux comme un, et nous en parlons comme d'une chose multiple, que nous désignons par une foule de noms.

Théétète

Tu dis vrai.

L'étranger

Par là, nous avons, j'imagine, préparé un régal pour les jeunes gens et pour les vieillards fraîchement instruits. Il est à la portée de tout le monde de répliquer aussitôt qu'il est impossible que plusieurs soient un et qu'un soit plusieurs, et, bien entendu, ils prennent plaisir à ne pas permettre qu'on dise qu'un homme est bon, mais seulement que le bon est bon et l'homme homme. J'imagine, Théétète, que tu rencontres souvent des gens qui ont pris au sérieux ces sortes d'arguties, parfois des hommes déjà âgés, pauvres d'esprit que ces misères émerveillent et qui se figurent qu'ils ont trouvé là le dernier mot de la sagesse.

Théétète

C'est bien cela.

L'étranger

Afin donc que notre argumentation atteigne tous ceux qui ont jamais parlé de l'être, de quelque façon que ce soit, qu'il soit entendu que ce que nous allons dire sous forme d'interrogations s'adresse à la fois à ces derniers et aux autres, avec lesquels nous avons discuté précédemment.

Théétète

Et qu'allons-nous dire ?

L'étranger

N'attribuerons-nous ni l'être au mouvement et au repos, ni aucun attribut à aucune chose et, regardant les choses comme incapables de se mélanger et de participer les unes des autres, les traiterons-nous comme telles dans nos discours ? ou bien les mettrons-nous toutes ensemble, dans la pensée qu'elles sont susceptibles de communiquer entre elles, ou tiendrons-nous que les unes en sont susceptibles et les autres non ? De ces trois partis, Théétète, lequel dirons-nous que nos gens préfèrent ?

Théétète

Quant à moi, je ne sais que répondre pour eux à ces questions.

L'étranger

Pourquoi ne les prends-tu pas une par une, en examinant les conséquences qui en résultent en chaque cas ?

Théétète

C'est une bonne idée.

L'étranger

Supposons donc, si tu veux, qu'ils déclarent en premier lieu que rien n'a aucun pouvoir de communiquer avec quoi que ce soit en aucune façon. N'est-il pas vrai qu'alors le mouvement et le repos ne participeront en aucune façon de l'être ?

Théétète

Ils n'en participeront pas, certainement.

L'étranger

Mais quoi ! l'un des deux sera-t-il, s'il ne participe pas de l'être ?

Théétète

Il ne sera pas.

L'étranger

L'immédiat effet de cette concession, c'est, semble-t-il, de tout renverser, et la thèse de ceux qui meuvent le tout, et celle de ceux qui l'immobilisent en tant qu'un, et celle de ceux qui disent que les êtres sont rangés dans des formes immuables et éternelles ; car tous ces philosophes attribuent l'être à l'univers, les uns disant qu'il se meut réellement, les autres qu'il est réellement en repos.

Théétète

Rien de plus exact.

L'étranger

En outre, tous ceux qui tour à tour unissent et séparent le tout, soit qu'ils amènent l'infinité à l'unité et qu'ils l'en fassent sortir, soit qu'ils décomposent l'univers en un nombre limité d'éléments avec lesquels ils le recomposent, peu importe d'ailleurs qu'ils supposent que ces changements ont lieu successivement ou qu'ils coexistent toujours, ces philosophes tiennent un langage qui n'a pas de sens, s'il n'y a pas de mélange possible.

Théétète

C'est juste.

L'étranger

Mais ceux-là sont les plus ridicules de tous qui poussent leur thèse jusqu'à ne pas permettre de donner à une chose qui participe de la qualité d'une autre, une dénomination autre que la sienne.

Théétète

Comment ?

L'étranger

C'est que, j'imagine, ils sont, à propos de tout, contraints d'employer les expressions *être, à part, des autres, en soi,* et mille autres. Comme ils ne peuvent les écarter et les mêlent forcément dans leurs discours, ils n'ont pas besoin que d'autres les réfutent ; ils logent chez eux, comme on dit, l'ennemi et le contradicteur, qui parle au-dedans d'eux et qu'ils portent partout avec eux, comme cet original d'Euryklès[1].

Théétète

Ta comparaison est tout à fait juste et vraie.

L'étranger

Mais qu'arrivera-t-il si nous laissons à toutes choses le pouvoir de communiquer les unes avec les autres ?

Théétète

Cette question-là, je suis capable, moi aussi, de la résoudre.

L'étranger

Voyons.

Théétète

Le mouvement lui-même s'arrêterait tout à fait et le repos, à son tour, se mouvrait, s'ils se réunissaient l'un à l'autre.

L'étranger

Or j'imagine qu'il est de toute nécessité impossible que le mouvement soit immobile et le repos en mouvement.

Théétète

Sans aucun doute.

L'étranger

XXXVIII. – Il ne reste donc plus que la troisième hypothèse.

Théétète

Oui.

---

1 Euryklès était un devin ventriloque, dont il est question dans les *Guêpes* d'Aristophane (1019-1020). Cf. Plutarque, *Oeuvres morales,* 414 e.

L'étranger

Or l'une de ces trois hypothèses doit certainement être vraie : ou bien tout se mêle, ou bien rien, ou bien telle chose se prête, telle autre se refuse au mélange.

Théétète

Sans contredit.

L'étranger

Quant aux deux premières, nous les avons trouvées impossibles.

Théétète

Oui.

L'étranger

Quiconque voudra répondre juste adoptera donc la dernière des trois.

Théétète

Parfaitement.

L'étranger

Puisque telles choses se prêtent au mélange, et les autres non, elles se comportent donc à peu près comme les lettres ; car, parmi les lettres, les unes ne s'accordent pas entre elles, tandis que les autres le font.

Théétète

Sans contredit.

L'étranger

Mais les voyelles se distinguent des autres en ce qu'elles se glissent entre toutes pour leur servir de lien, si bien que, sans voyelle, il n'y a pas d'accord possible entre les autres lettres.

Théétète

C'est vrai.

L'étranger

Maintenant, le premier venu sait-il quelles lettres sont susceptibles de s'unir entre elles, ou faut-il un art à qui veut les accorder comme il faut ?

Théétète

Il lui faut un art.

L'étranger

Lequel ?

Théétète

L'art grammatical.

L'étranger

Eh bien, n'en est-il pas de même avec les sons aigus et graves ? Celui qui possède l'art de discerner ceux qui se combinent et ceux qui ne se combinent pas est musicien ; celui qui n'y entend rien est un profane.

Théétète

C'est vrai.

L'étranger

Et nous trouverons des différences du même genre entre la compétence et l'incompétence dans tout autre art.

Théétète

Naturellement.

L'étranger

Maintenant, puisque nous sommes tombés d'accord que les genres aussi se comportent de même entre eux en ce qui regarde le mélange, n'est-il pas indispensable d'avoir une science pour se guider à travers les discours, si l'on veut indiquer exactement quels genres s'accordent avec les autres et quels genres se repoussent, ensuite s'il y a certains genres qui pénètrent tous les autres et les lient entre eux, de telle sorte qu'ils peuvent se mêler, et enfin si, dans les divisions, il y en a d'autres qui, entre les ensembles, sont les causes de la division ?

Théétète

Il est certainement indispensable d'avoir une science, peut-être même la plus grande de toutes.

L'étranger

XXXIX. – Comment donc, Théétète, allons-nous appeler cette science ? Est-ce que, par Zeus, nous serions tombés sans nous en douter sur la science des hommes libres, et nous serait-il arrivé, en cherchant le sophiste, de découvrir d'abord le philosophe ?

Théétète

Que veux-tu dire ?

L'étranger

Diviser par genres et ne pas prendre la même forme pour une autre, ou une autre pour la même, ne dirons-nous pas que c'est là le propre de la science dialectique[1] ?

Théétète

Si, nous le dirons.

L'étranger

Celui qui en est capable discerne nettement une forme unique déployée partout à travers beaucoup de formes dont chacune existe isolément, puis une multitude de formes différentes les unes des autres et enveloppées extérieurement par une forme unique, puis encore une forme unique, déployée à travers de nombreux touts et liée à une unité ; enfin beaucoup de formes entièrement isolées et séparées, et cela, c'est savoir discerner, genre par genre, comment les diverses espèces peuvent ou ne peuvent pas se combiner.

Théétète

Parfaitement.

L'étranger

Mais ce talent dialectique, tu ne l'accorderas, je pense, à nul autre qu'à celui qui philosophe en toute pureté et justice.

Théétète

Comment pourrait-on l'accorder à un autre ?

L'étranger

Pour le philosophe, c'est dans quelque endroit semblable que nous le trouverons maintenant et plus tard, si nous le cherchons. Il est, lui aussi, difficile à voir en pleine clarté ; mais la difficulté n'est pas la même pour lui que pour le sophiste.

Théétète

Comment ?

L'étranger

Celui-ci se réfugie dans l'obscurité du non-être, avec lequel il se

---

1 Sur la tâche du dialecticien, cf. *Phèdre*, 265 c-e, 266 b, 273 e et *République*, VII, 534 b.

familiarise par un long séjour, et c'est l'obscurité du lieu qui le rend difficile à bien reconnaître. Est-ce vrai ?

Théétète

Il semble.

L'étranger

Quant au philosophe, qui s'attache dans tous ses raisonnements à l'idée de l'être, c'est à cause de la brillante lumière de cette région qu'il n'est pas, lui non plus, facile à voir ; car le vulgaire n'a pas les yeux de l'âme assez forts pour considérer avec persistance les choses divines.

Théétète

Cette explication n'est pas moins vraisemblable que l'autre.

L'étranger

Nous tâcherons de nous faire bientôt du philosophe une idée plus claire, si nous en avons encore envie[1]. Quant au sophiste, il est, je pense, évident que nous ne devons pas le lâcher avant de l'avoir considéré suffisamment.

Théétète

Voilà qui est bien dit.

L'étranger

XL. – Maintenant que nous sommes tombés d'accord que, parmi les genres, les uns consentent à communiquer entre eux, les autres non, que les uns communiquent avec quelques-uns, les autres avec beaucoup, et que d'autres, pénétrant partout, ne trouvent rien qui les empêche de communiquer avec tous, poursuivons dès lors notre argumentation de cette manière. Au lieu de prendre toutes les formes, dont le grand nombre pourrait nous embrouiller, choisissons-en quelques-unes de celles qui passent pour les plus importantes et voyons d'abord ce qu'est chacune d'elles, puis quel pouvoir elles ont de s'associer les unes aux autres. De cette façon, si nous n'arrivons pas à saisir en pleine clarté l'être et le non-être, nous pourrons du moins en donner une explication aussi satisfaisante que le permet cette méthode de recherche, et nous saurons si nous

---

1 Sans douze cette envie a passé à Platon ; car il n'a pas donné suite à son projet. Peut-être a-t-il jugé que la définition du philosophe était superflue, après celles qu'il en a données dans d'autres ouvrages, entre autres dans *la République,* dans le *Phédon,* dans le *Phèdre,* dans le *Théétète* et ici.

pouvons dire que le non-être est réellement inexistant et nous dégager sans dommage.

Théétète

C'est ce qu'il faut faire.

L'étranger

Or les plus importants parmi les genres sont ceux que nous venons de passer en revue : l'être lui-même, le repos et le mouvement.

Théétète

Oui, et de beaucoup.

L'étranger

Nous disons en outre que les deux derniers ne peuvent pas se mêler l'un à l'autre.

Théétète

Certainement.

L'étranger

Mais l'être peut se mêler à tous les deux, car ils sont, je pense, tous les deux.

Théétète

Sans contredit.

L'étranger

Cela fait donc trois.

Théétète

Assurément.

L'étranger

Donc chacun d'eux est autre que les deux autres, mais le même que lui-même.

Théétète

Oui.

L'étranger

Mais que voulons-nous dire par ces mots que nous venons de prononcer, le même et l'autre ? Sont-ce deux genres différents des trois premiers, quoique toujours mêlés nécessairement à eux ? et devons-nous conduire notre enquête comme s'ils étaient cinq, et non trois, ou bien le même et l'autre sont-ils des noms que nous donnons inconsciemment à quelqu'un de nos trois genres ?

Théétète

Il se pourrait.

L'étranger

Cependant ni le mouvement ni le repos ne sont l'autre ni le même.

Théétète

Comment cela ?

L'étranger

Quoi que nous attribuions en commun au mouvement et au repos, cela ne peut être ni l'un ni l'autre des deux.

Théétète

Pourquoi donc ?

L'étranger

Parce que le mouvement s'immobiliserait et que le repos serait mû. Car que l'un d'eux, n'importe lequel, vienne s'appliquer aux deux à la fois, il contraindra l'autre à changer sa nature en la nature contraire, puisqu'il participe de son contraire.

Théétète

Assurément.

L'étranger

Cependant ils participent tous deux du même et de l'autre.

Théétète

Oui.

L'étranger

Ne disons donc pas que le mouvement est le même ou l'autre ; et ne le disons pas non plus du repos.

Théétète

Gardons-nous-en, en effet.

L'étranger

Mais nous faudrait-il considérer l'être et le même comme ne faisant qu'un ?

Théétète

Peut-être.

L'étranger

Mais si l'être et le même ne signifient rien de différent, en disant que le mouvement et le repos sont tous les deux, nous dirons par là qu'ils sont le même, puisqu'ils sont.

Théétète

Mais cela est impossible.

L'étranger

Il est donc impossible que le même et l'être ne soient qu'un.

Théétète

Apparemment.

L'étranger

Faut-il donc admettre le même comme une quatrième forme ajoutée aux trois autres ?

Théétète

Certainement.

L'étranger

Et l'autre ? ne faut-il pas le compter comme une cinquième ? ou faut-il le regarder, lui et l'être, comme deux noms qui s'appliquent à un même genre ?

Théétète

Il le faudrait peut-être.

l'étranger

Mais tu accorderas, je pense, que, parmi les êtres, les uns sont conçus comme absolus, les autres comme relatifs à d'autres.

Théétète

Sans doute.

L'étranger

Et l'autre est toujours relatif à un autre, n'est-ce pas ?

Théétète

Oui.

L'étranger

Cela ne serait pas si l'être et l'autre n'étaient pas extrêmement différents. Car si l'autre participait des deux formes, comme l'être, il y aurait quelquefois dans la classe des autres un autre qui ne serait pas relatif à autre chose. Or, en fait, nous constatons indubitablement que tout ce qui est autre n'est ce qu'il est que par son rapport nécessaire à autre chose.

Théétète

Il en est bien ainsi.

L'étranger

Il faut donc compter la nature de l'autre comme cinquième parmi les formes que nous avons choisies.

Théétète

Oui.

L'étranger

Et nous dirons qu'elle a pénétré dans toutes les formes ; car chacune en particulier est autre que les autres, non point par sa propre nature, mais parce qu'elle participe de l'idée de l'autre.

Théétète

Incontestablement.

L'étranger

XLI. – Voici donc ce qu'il nous faut dire de nos cinq formes, en les reprenant une par une.

Théétète

Quoi ?

L'étranger

Prenons d'abord le mouvement : il est absolument autre que le repos. N'est-ce pas ce qu'il en faut dire ?

Théétète

C'est cela.

L'étranger

Il n'est donc pas le repos.

Théétète

Pas du tout.

L'étranger

Mais il est, en raison de sa participation à l'être.

Théétète

Il est.

L'étranger

D'autre part, le mouvement est autre que le même.

Théétète

Soit.

L'étranger

Il n'est donc pas le même.

Théétète

Certainement non.

L'étranger

Cependant nous avons vu qu'il est le même, parce que tout participe du même.

Théétète

Certainement.

L'étranger

Le mouvement est donc le même et n'est pas le même : il faut en convenir sans s'émouvoir. C'est que, quand nous disons qu'il est le même et pas le même, ce n'est pas sous les mêmes rapports que nous le disons. Quand nous disons qu'il est le même, c'est parce qu'en lui-même il participe du même, et quand nous disons qu'il n'est pas le même, c'est, par contre, à cause de la communauté qu'il a avec l'autre, communauté qui, en le séparant du même, l'a fait devenir non même, mais autre, en sorte qu'il est juste de dire aussi qu'au rebours de tout à l'heure il n'est pas le même.

Théétète

Parfaitement.

L'étranger

Par conséquent, si le mouvement pouvait en quelque manière participer du repos, il ne serait pas du tout absurde de l'appeler stable.

Théétète

Ce serait parfaitement juste, si nous devons accorder que, parmi les genres, les uns consentent à se mêler, les autres non.

L'étranger

Eh bien, c'est à démontrer cela que nous étions arrivés, avant d'en venir ici, et nous avons prouvé que c'était conforme à leur nature.

Théétète

Parfaitement.

L'étranger

Reprenons donc : le mouvement est-il autre que l'autre, comme il est, nous l'avons vu, autre que le même et que le repos ?

Théétète

Nécessairement.

L'étranger

Alors il n'est pas autre en un sens et il est autre suivant notre raisonnement de tout à l'heure.

Théétète

C'est vrai.

L'étranger

Et maintenant, que s'ensuit-il ? Allons-nous dire qu'il n'est autre que les trois premiers et nier qu'il soit autre que le quatrième, après être tombés d'accord que les genres parmi lesquels nous avons fait notre choix et que nous nous sommes proposé d'examiner étaient au nombre de cinq ?

Théétète

Et le moyen ? Nous ne pouvons pas admettre un nombre moindre que celui que nous avons démontré tout à l'heure.

L'étranger

Nous affirmons donc sans crainte et nous maintenons énergiquement que le mouvement est autre que l'être ?

Théétète

Oui, sans la moindre crainte.

L'étranger

Ainsi donc il est clair que le mouvement est réellement non-être et qu'il est être, puisqu'il participe de l'être ?

Théétète

On ne peut plus clair.

L'étranger

Il s'ensuit donc nécessairement que le non-être est dans le mouvement et dans tous les genres ; car, dans tous, la nature de l'être, en rendant chacun autre que l'être, en fait un non-être, en sorte qu'à ce point de vue nous pouvons dire avec justesse qu'ils sont tous des non-êtres et, par contre, parce qu'ils participent de l'être, qu'ils sont et ont de l'être.

Théétète

Il se peut.

L'étranger

Ainsi chaque forme renferme beaucoup d'être et une quantité infinie de non-être.

Théétète

Il semble.

L'étranger

Il faut donc dire aussi que l'être lui-même est autre que le reste des genres.

Théétète

Nécessairement.

L'étranger

Nous voyons donc qu'autant sont les autres, autant de fois l'être n'est pas, car, n'étant pas eux, il est un en soi, et, à leur tour, les autres, infinis en nombre, ne sont pas.

Théétète

Ce n'est pas loin de la vérité.

L'étranger

Il n'y a donc pas en cela non plus de quoi s'émouvoir, puisque la nature des genres comporte une communauté mutuelle. Si quelqu'un refuse de nous accorder ce point, qu'il gagne à sa cause nos précédents arguments, avant d'essayer d'en infirmer les conclusions.

Théétète

Rien de plus juste que ta demande.

L'étranger

Voici encore un point à considérer.

Théétète

Lequel ?

L'étranger

Quand nous énonçons le non-être, nous n'énonçons point, ce me semble, quelque chose de contraire à l'être, mais seulement quelque chose d'autre.

Théétète

Comment cela ?

L'étranger

Par exemple, quand nous parlons de quelque chose qui n'est pas grand, te semble-t-il alors que nous désignons par cette expression le petit plutôt que l'égal ?

Théétète

Comment le pourrions-nous ?

L'étranger

Quand donc on prétendra que la négation signifie le contraire de la chose énoncée, nous ne l'admettrons pas ; nous admettrons seulement que c'est une chose différente qu'expriment le « non » et le « ne pas » placés devant les noms qui suivent, ou plutôt devant les choses désignées par les noms énoncés derrière la négation.

Théétète

Parfaitement.

L'étranger

XLII. – Mais considérons un autre point, s'il te plaît.

Théétète

Lequel ?

L'étranger

La nature de l'autre te paraît-elle morcelée, comme la science ?

Théétète

Comment ?

L'étranger

La science, elle aussi, est une, n'est-ce pas ? mais chaque partie séparée d'elle qui s'applique à un sujet déterminé revêt un nom qui lui est propre. De là, la diversité de ce qu'on appelle les arts et les sciences.

Théétète

Parfaitement.

L'étranger

Or il en est de même des parties de la nature de l'autre, bien qu'elle soit une.

Théétète

Il se peut, mais expliquerons-nous comment ?

L'étranger

Y a-t-il une partie de l'être qui s'oppose au beau ?

Théétète

Oui.

L'étranger

Faut-il dire qu'elle est anonyme ou qu'elle a un nom ?

Théétète

Elle en a un ; car toutes les fois que nous employons l'expression « non-beau », c'est exclusivement une chose différente de la nature du beau.

L'étranger

Allons, réponds maintenant à ma question.

Théétète

Laquelle ?

L'étranger

Le non-beau n'est-il pas un être détaché d'un genre déterminé, puis opposé à un autre être ?

Théétète

C'est cela.

L'étranger

Le non-beau se ramène donc, semble-t-il, à l'opposition d'un être à un être.

Théétète

C'est parfaitement juste.

L'étranger

Mais quoi ! à ce compte, devons-nous croire que le beau a plus de part à l'être et que le non-beau en a moins ?

Théétète

Pas du tout.

L'étranger

Il faut donc dire que le non-grand existe au même titre que le grand lui-même.

Théétète

Oui, au même titre.

L'étranger

Il faut donc aussi mettre le non-juste sur le même pied que le juste, pour que l'un ne soit pas plus être que l'autre.

Théétète

Assurément.

L'étranger

Nous en dirons autant de tout le reste, puisque la nature de l'autre, nous l'avons vu, compte parmi les êtres, et que, si elle est, il faut nécessairement considérer ses parties comme étant au même titre que quoi que ce soit.

Théétète

Évidemment.

L'étranger

Ainsi, à ce qu'il semble, l'opposition de la nature d'une partie de l'autre et de la nature de l'être, quand ils sont opposés l'un à l'autre, n'a pas, s'il est permis de le dire, moins d'existence que l'être lui-même ; car ce n'est pas le contraire de l'être qu'elle exprime, c'est seulement autre chose que lui.

Théétète

C'est clair comme le jour.

L'étranger

Alors, quel nom lui donnerons-nous ?

Théétète

Évidemment celui de non-être, ce non-être que nous cherchions justement à cause du sophiste.

L'étranger

Alors n'est-il, comme tu l'as dit, inférieur en être à aucune autre chose, et faut-il dès lors affirmer hardiment que le non-être a une existence solide et une nature qui lui est propre, et, comme nous avons dit que le grand est grand et le beau beau, et que le non-grand est non grand et le non-beau non beau, ne dirons-nous pas de même que le non-être était et est non-être au même titre, et qu'il compte pour un genre dans la multitude des genres ? Ou bien aurions-nous encore, Théétète, quelque doute là-dessus ?

Théétète

Aucun.

L'étranger

XLIII. – Te rends-tu compte à présent que nous avons enfreint la défense de Parménide et que nous nous sommes portés au-delà des limites qu'il nous avait prescrites ?

Théétète

Comment cela ?

L'étranger

Nous avons exploré un terrain qu'il nous avait interdit, et, en poussant de l'avant nos recherches, nous lui avons montré son erreur.

Théétète

Comment ?

L'étranger

C'est qu'il nous dit quelque part :
Non, jamais tu ne pourras forcer des non-êtres à être.
Écarte ta pensée de cette route de recherche.

Théétète

C'est en effet ce qu'il dit.

L'étranger

Or nous, nous n'avons pas seulement démontré que les non-êtres sont, mais nous avons aussi fait voir en quoi consiste la forme du non-être. Nous avons en effet prouvé que la nature de l'autre existe et qu'elle se morcelle en tous les êtres dans leurs relations mutuelles, et nous avons osé affirmer de chaque portion de l'autre qui s'oppose à l'être que c'est justement cela qu'est réellement le non-être.

Théétète

Et ce que nous avons dit est la vérité même, j'en suis persuadé.

L'étranger

Qu'on ne vienne donc pas dire que c'est parce que nous dénonçons le non-être comme le contraire de l'être que nous osons affirmer qu'il existe. Pour nous, en ce qui regarde je ne sais quel contraire de l'être, il y a beau temps qu'il ne nous chaut plus de savoir s'il existe ou s'il n'existe pas, s'il peut être défini ou s'il répugne à toute définition. Quant à la définition que nous avons donnée tout à l'heure du non-être, ou bien qu'on nous convainque en nous réfutant que nous sommes dans l'erreur, ou bien, tant qu'on ne pourra le faire, qu'on dise, comme nous disons nous-mêmes, que les genres se mêlent les uns aux autres, que l'être et l'autre pénètrent dans tous et se pénètrent eux-mêmes mutuellement, que l'autre, participant de l'être, existe en vertu de cette participation, sans être ce dont il participe, mais en restant autre, et, parce qu'il est autre que l'être, il est clair comme le jour qu'il est nécessairement non-être. À son tour, l'être, participant de l'autre, est autre que le reste des genres, et, comme il est autre qu'eux tous, il n'est ni chacun d'eux ni la totalité des autres, mais seulement lui-même, en sorte que l'on ne saurait contester qu'il y a des milliers et des milliers de choses que l'être n'est pas et que les autres, soit chacune en particulier, soit toutes ensemble, sont sous de multiples rapports, et, sous de multiples rapports, ne sont point.

Théétète

C'est vrai.

L'étranger

Que si l'on n'a pas foi à ces oppositions, qu'on étudie la question et qu'on propose une explication meilleure que celle que nous venons de donner. Que si, au contraire, on se figure avoir fait une invention difficile, en tirant à plaisir les arguments dans tous les sens, c'est prendre au sérieux des choses qui n'en valent guère la peine : nos arguments présents l'affirment. Cela n'est en effet ni ingénieux ni difficile à trouver ; mais voici ce qui est à la fois difficile et beau.

Théétète

Quoi ?

L'étranger

Ce que j'ai déjà dit : laisser là ces arguties comme inutiles, et se montrer capable de suivre et de critiquer pied à pied les assertions de celui qui prétend qu'une chose autre est la même sous quelque rapport et que la même est autre, et de le faire suivant la manière et le point de vue de cet homme, quand il explique la nature de l'un ou de l'autre. Quant à montrer n'importe comment que le même est autre et l'autre le même, que le grand est petit et le semblable dissemblable, et prendre plaisir à mettre toujours en avant ces oppositions dans ses raisonnements, cela n'est pas de la vraie critique, c'est l'ouvrage d'un novice qui vient seulement de prendre contact avec les réalités.

Théétète

Exactement.

L'étranger

XLIV. – Et en effet, mon bon ami, entreprendre de séparer tout de tout n'est pas seulement manquer de mesure, c'est encore faire preuve d'une ignorance totale des Muses et de la philosophie.

Théétète

Pourquoi donc ?

L'étranger

Il n'y a pas de moyen plus radical d'abolir toute espèce de discours que d'isoler chaque chose de tout le reste ; car c'est par l'entrelacement réciproque des formes que le discours nous est né.

Théétète

C'est vrai.

L'étranger

Vois donc combien il était opportun de mener bataille, comme nous venons de le faire, contre ces gens-là et de les forcer à permettre que les choses se mêlent les unes aux autres.

Théétète

En vue de quoi, opportun ?

L'étranger

Pour assurer la position du discours parmi nos classes d'êtres. Si nous en étions privés, nous serions privés de la philosophie, conséquence de la plus sérieuse importance. Mais de plus, à cet instant même, nous avons besoin de nous mettre d'accord sur la nature du discours. Si on nous l'ôtait, en lui déniant toute existence, nous ne pourrions plus rien dire, et il nous serait ôté, si nous accordions qu'il n'y a aucun mélange de quoi que ce soit à quoi que ce soit.

Théétète

Bon pour ceci. Mais je ne saisis pas pourquoi il faut en ce moment nous entendre sur le discours.

L'étranger

Le mieux, pour que tu le saisisses, est peut-être que tu me suives par ici.

Théétète

Par où ?

L'étranger

Il nous est apparu que le non-être était un genre déterminé parmi les autres et qu'il est distribué en tous les êtres.

Théétète

C'est exact.

L'étranger

Il faut dès lors examiner s'il se mêle à l'opinion et au discours.

Théétète

Pourquoi donc ?

L'étranger

S'il ne s'y mêle pas, il s'ensuit nécessairement que tout est vrai. Qu'il s'y mêle, l'opinion fausse devient possible, et le discours aussi. Juger ou dire ce qui n'est pas, voilà, je pense, ce qui constitue la fausseté, dans la pensée et dans les discours.

Théétète

C'est vrai.

L'étranger

Or si la fausseté existe, la tromperie aussi.

Théétète

Oui.

L'étranger

Et s'il y a tromperie, tout se remplit inévitablement de simulacres, d'images et d'illusion.

Théétète

Naturellement.

L'étranger

Or nous avons dit que le sophiste s'était réfugié dans cet endroit, mais qu'il avait absolument nié l'existence même de la fausseté, parce que le non-être ne peut ni se concevoir ni s'exprimer ; car le non-être n'a d'aucune façon aucune part à l'être.

Théétète

C'est exact.

L'étranger

Mais à présent il nous est apparu qu'il participait de l'être, en sorte que peut-être le sophiste ne combattrait plus sur ce terrain. Mais peut-être objecterait-il que parmi les formes, les unes participent du non-être, mais les autres non, et que précisément le discours et l'opinion sont de celles qui n'en participent pas, et alors il soutiendrait que l'art de faire des images et des simulacres, où nous prétendons le confiner, n'a pas du tout d'existence, puisque l'opinion et le discours n'ont point de communauté avec le non-être ; car il n'y a absolument rien de faux, si cette communauté n'existe pas. Voilà donc pour quelles raisons il faut nous enquérir d'abord de ce que peuvent bien être le discours, l'opinion et l'imagination, afin que, les connaissant, nous puissions découvrir leur communauté avec le non-être, et, celle-ci découverte, démontrer que le faux existe, puis, le faux une fois démontré, y emprisonner le sophiste, si l'on peut retenir cette charge contre lui ; sinon, nous le laisserons aller pour le chercher dans un autre genre.

Théétète

Il semble bien, étranger, que ce que nous avons dit du sophiste au début est pleinement justifié : c'est vraiment une espèce de gibier difficile à chasser. Évidemment il est très fertile en problèmes[1]. Sitôt qu'il en met un en avant, c'est un rempart qu'il faut franchir en combattant, avant d'arriver jusqu'à lui. Maintenant à peine sommes-nous venus à bout de celui qu'il nous a opposé en niant le non-être, qu'il nous en a opposé un autre, et il faut que nous démontrions l'existence du faux dans le discours et dans l'opinion ;

---

1 L'étranger joue sur le double sens du mot : πρόδλημα, défense ou rempart que l'on élève devant soi, et difficulté à résoudre, problème.

après quoi il en élèvera peut-être un autre encore après celui-là, et nous n'en verrons sans doute jamais la fin.

L'étranger

Il faut prendre courage, Théétète, quand on peut toujours avancer, si peu que ce soit. Si l'on se décourageait en ce cas, que ferait-on dans d'autres conjonctures où l'on n'avancerait pas du tout, où l'on serait même repoussé en arrière ? Il faudrait, dit le proverbe, bien du temps à un tel homme pour prendre une ville. Mais maintenant, mon bon, que nous sommes venus à bout de la difficulté dont tu parles, nous pouvons dire que le rempart le plus fort est pris et que le reste sera désormais plus facile et moins important.

Théétète

C'est bien dit.

L'étranger

XLV. – Prenons donc d'abord, comme nous venons de le dire, le discours et l'opinion, afin de nous rendre compte plus nettement si le non-être s'y attache, ou bien s'ils sont absolument vrais l'un et l'autre, et jamais faux ni l'un ni l'autre.

Théétète

C'est juste.

L'étranger

Allons maintenant : comme nous avons parlé des formes et des lettres, examinons les noms à leur tour de la même façon. C'est par là que j'entrevois la solution que nous cherchons à présent.

Théétète

Qu'as-tu donc à me faire entendre à propos des noms ?

L'étranger

Si tous s'accordent, ou aucun, ou si les uns se prêtent et les autres se refusent à cet accord.

Théétète

Cette dernière hypothèse est évidente : les uns s'y prêtent, les autres non.

L'étranger

Voici peut-être ce que tu entends par là : ceux qui, prononcés à la suite les uns des autres, signifient quelque chose, s'accordent entre eux ; les autres, qui s'enchaînent sans former de sens, ne s'accordent pas.

Théétète

Comment ? Qu'entends-tu par là ?

L'étranger

Ce que je supposais que tu avais dans l'esprit, quand tu m'as donné ton assentiment. Nous avons, en effet, deux espèces de signes pour exprimer l'être par la voix.

Théétète

Comment cela ?

L'étranger

Ceux qu'on a appelés les noms et les verbes.

Théétète

Définis les uns et les autres.

L'étranger

Le signe qui s'applique aux actions, nous l'appelons verbe.

Théétète

Oui.

L'étranger

Et le signe vocal qui s'applique à ceux qui les font s'appelle nom.

Théétète

Parfaitement.

L'étranger

Or des noms seuls énoncés de suite ne forment jamais un discours, non plus que des verbes énoncés sans nom.

Théétète

C'est ce que je ne savais pas.

L'étranger

C'est qu'évidemment tu avais autre chose en vue tout à l'heure en me donnant ton assentiment ; car c'est cela même que je voulais dire, que ces noms et ces verbes ne font pas un discours, s'ils sont énoncés à la file de cette manière.

Théétète

De quelle manière ?

L'étranger

Par exemple, *marche, court, dort,* et tous les autres verbes qui marquent des actions, fussent-ils prononcés tous à la file, ne forment pas davantage un discours.

Théétète

Cela va de soi.

L'étranger

Et que l'on dise de même : *lion, cerf, cheval* et tous les noms qu'on a donnés à ceux qui font les actions, cette succession de mots non plus n'a jamais composé un discours ; car ni dans un cas, ni dans l'autre, les mots prononcés n'indiquent ni action, ni inaction, ni existence d'un être ou d'un non-être, tant qu'on n'a pas mêlé les verbes aux noms. Alors seulement l'accord se fait et le discours naît aussitôt de la première combinaison, qu'on peut appeler le premier et le plus petit des discours.

Théétète

Qu'entends-tu donc par là ?

L'étranger

Quand on dit : *l'homme apprend,* ne reconnais-tu pas que c'est là le discours le plus court et le premier ?

Théétète

Si.

L'étranger

C'est que, dès ce moment, il donne quelque indication sur ce qui est, devient, est devenu ou doit être et qu'il ne se borne pas à le nommer, mais fait voir qu'une chose s'accomplit, en entrelaçant les verbes avec les noms. C'est pour cela que nous avons dit, de celui qui s'énonce ainsi, qu'il discourt et non point seulement qu'il nomme, et c'est cet entrelacement que nous avons désigné du nom de discours.

Théétète

C'est juste.

L'étranger

XLVI. – Ainsi donc, de même qu'entre les choses, les unes s'accordaient mutuellement, les autres non, de même parmi les signes vocaux, il en est qui ne s'accordent pas ; mais ceux d'entre eux qui s'accordent ont créé le discours.

Théétète

Parfaitement.

L'étranger

Encore une petite remarque.

Théétète

Laquelle ?

L'étranger

Le discours, dès qu'il est, est forcément un discours sur quelque chose ; qu'il le soit sur rien, c'est impossible.

Théétète

C'est juste.

L'étranger

Ne faut-il pas aussi qu'il soit d'une certaine nature ?

Théétète

Sans doute.

L'étranger

Prenons-nous maintenant nous-mêmes pour sujet d'observation.

Théétète

C'est ce qu'il faut faire en effet.

L'étranger

Je vais donc te faire un discours en unissant un sujet à une action au moyen d'un nom et d'un verbe ; sur quoi portera ce discours, c'est à toi de me le dire.

Théétète

Je le ferai comme je pourrai.

L'étranger

Théétète est assis. Il n'est pas long, n'est-ce pas ?

Théétète

Non, il est assez court.

L'étranger

À toi donc de dire de quoi il parle et à quoi il se rapporte.

Théétète

Évidemment il parle de moi et se rapporte à moi.

L'étranger

Et celui-ci ?

Théétète

Lequel ?

L'étranger

Théétète, avec qui je m'entretiens en ce moment, vole en l'air.

Théétète

De celui-ci non plus, on n'en peut dire qu'une chose : c'est que j'en suis le sujet et que c'est de moi qu'il parle.

L'étranger

Mais chacun de ces discours, disons-nous, doit être nécessairement d'une certaine nature.

Théétète

Oui.

L'étranger

Quelle est donc celle qu'il faut attribuer à chacun d'eux ?

Théétète

C'est que l'un est faux, l'autre vrai.

L'étranger

Or celui des deux qui est vrai dit de toi des choses qui sont comme elles sont.

Théétète

Sans doute.

L'étranger

Et le faux des choses autres que celles qui sont.

Théétète

Oui.

L'étranger

Il dit donc des choses qui ne sont pas comme étant ?

Théétète

C'est assez cela.

L'étranger

Les choses qu'il dit de toi existent, mais sont autres que celles qui sont, car il y a, nous l'avons dit, beaucoup d'êtres qui se rapportent à chaque chose, et beaucoup de non-êtres.

Théétète

Certainement.

L'étranger

Quant au second discours que j'ai tenu sur toi, il est d'abord de toute nécessité, d'après la définition du discours que nous avons établie, qu'il soit un des plus brefs.

Théétète

C'est en tout cas ce dont nous sommes convenus tout à l'heure.

L'étranger

Ensuite qu'il parle de quelqu'un.

Théétète

Oui.

L'étranger

Et si ce n'est pas de toi, ce n'est assurément de personne autre.

Théétète

Assurément.

L'étranger

Si ce n'était de personne, il ne serait même pas du tout discours ; car nous avons démontré qu'il était impossible qu'un discours qui est ne discoure de rien.

Théétète

C'est très juste.

L'étranger

Ainsi quand on dit de toi des choses autres comme étant les mêmes, et des choses qui ne sont pas comme étant, cet assemblage formé de noms et de verbes a tout à fait l'air d'être réellement et véritablement un faux discours.

Théétète

Rien n'est plus vrai, assurément.

L'étranger

XLVII. – Mais quoi ! la pensée, l'opinion, l'imagination, n'est-il pas dès maintenant évident que tous ces genres naissent dans nos âmes tantôt vrais, tantôt faux ?

Théétète

Comment ?

L'étranger

Tu le comprendras plus facilement quand tu auras vu d'abord en quoi ils consistent et par où ils diffèrent les uns des autres.

Théétète

Tu n'as qu'à t'expliquer.

L'étranger

Eh bien, pensée et discours ne sont qu'une même chose, sauf que le discours intérieur que l'âme tient en silence avec elle-même, a reçu le nom spécial de pensée[1].

Théétète

Parfaitement.

L'étranger

Mais le courant qui sort d'elle par la bouche en forme de son a reçu le nom de discours.

Théétète

C'est vrai.

L'étranger

Nous savons en outre qu'il y a dans les discours ceci.

Théétète

Quoi ?

L'étranger

L'affirmation et la négation.

---

1 Platon a déjà dit la même chose dans le *Théétète,* 189 e-190 a : « Penser », c'est un discours que l'âme se fait à elle-même sur les objets qu'elle considère... Il me paraît que l'âme, quand elle pense, ne fait autre chose que s'entretenir avec elle-même, interrogeant et répondant, affirmant et niant ; et que, quand elle s'est décidée, que cette décision se fasse plus ou moins promptement, quand elle a prononcé sur un objet, sans demeurer davantage en suspens, c'est en cela que consiste le jugement. Ainsi juger, selon moi, c'est parler, et l'opinion est un discours prononcé, non à un autre, ni de vive voix, mais en silence à soi-même. »

Théétète

Nous le savons.

L'étranger

Et quand cela se passe dans l'âme, en pensée, silencieusement, as-tu, pour le désigner, d'autre nom que celui d'opinion ?

Théétète

Quel autre pourrais-je lui donner ?

L'étranger

Et quand l'opinion se produit chez quelqu'un, non pas spontanément, mais par l'intermédiaire de la sensation, peut-on, pour désigner correctement cet état d'esprit, trouver un autre nom que celui d'imagination ?

Théétète

Aucun autre.

L'étranger

Donc, puisqu'il y a, nous l'avons vu, discours vrai et discours faux, et que, dans le discours, nous avons trouvé que la pensée était un dialogue de l'âme avec elle-même, l'opinion, l'achèvement de la pensée, et ce que nous voulons dire par « je m'imagine » un mélange de sensation et d'opinion, il est inévitable qu'étant parentes du discours, elles soient, quelques-unes et quelquefois, fausses.

Théétète

Certainement.

L'étranger

Te rends-tu compte maintenant que nous avons découvert la fausse opinion et le faux discours plus vite que nous ne nous y attendions, quand nous appréhendions, il n'y a qu'un instant, de perdre notre peine en entreprenant cette recherche ?

Théétète

Je m'en rends compte.

L'étranger

XLVIII. – Ayons donc bon courage aussi pour ce qui nous reste à faire, et maintenant que ces matières sont éclaircies, rappelons-nous nos précédentes divisions par formes.

Théétète

Quelles divisions ?

L'étranger

Nous avons divisé l'art de faire des images en deux formes, celle qui copie et celle qui produit des simulacres.

Théétète

Oui.

L'étranger

Et nous étions embarrassés, disions-nous, de savoir dans laquelle placer le sophiste.

Théétète

C'est bien cela.

L'étranger

Et tandis que cette question nous tenait perplexes, nous avons été envahis par un vertige encore plus grand à l'apparition de l'argument qui soutient envers et contre tous qu'il n'existe absolument ni copie, ni image, ni simulacre d'aucun genre, puisqu'il n'y a jamais nulle part aucune espèce de fausseté.

Théétète

Tu dis vrai.

L'étranger

Mais maintenant que nous avons mis en lumière l'existence et du discours faux et de l'opinion fausse, il est possible qu'il y ait des imitations des êtres et que, de la disposition à les produire, il naisse un art de tromperie.

Théétète

C'est possible.

L'étranger

En outre, nous sommes précédemment tombés d'accord que le sophiste rentrait dans l'une des formes susdites.

Théétète

Oui.

L'étranger

Essayons donc de nouveau, en divisant en deux le genre proposé, d'avancer en suivant toujours la partie droite de la section, nous attachant à ce qu'elle a de commun avec le sophiste, jusqu'à ce que l'ayant dépouillé de toutes ses propriétés communes, nous ne lui laissions que sa nature propre pour la mettre en lumière devant nous-mêmes d'abord, ensuite devant ceux dont le genre d'esprit est le plus congénial à notre méthode.

Théétète

C'est juste.

L'étranger

Or n'avions-nous pas commencé par distinguer l'art de produire et l'art d'acquérir ?

Théétète

Si.

L'étranger

Et dans l'art d'acquérir, la chasse, la lutte, le négoce et certaines formes analogues nous laissaient entrevoir le sophiste ?

Théétète

Parfaitement.

L'étranger

Mais maintenant qu'il est enclos dans l'art de l'imitation, il est évident que c'est l'art même de produire qu'il faut d'abord diviser en deux. Car l'imitation est une espèce de production, quoiqu'elle ne produise, il faut l'avouer, que des images, et non des réalités véritables. N'est-ce pas vrai ?

Théétète

Tout à fait vrai.

L'étranger

Commençons par diviser en deux parties l'art de produire.

Théétète

Lesquelles ?

L'étranger

L'une divine, l'autre humaine.

Théétète

Je ne saisis pas encore.

L'étranger

XLIX. – Nous avons appelé productrice, s'il nous souvient de ce que nous avons dit en commençant, toute puissance qui est cause que ce qui n'était pas avant existe après.

Théétète

Nous nous en souvenons.

L'étranger

Or tous les animaux mortels, et toutes les plantes qui naissent sur la terre de semences et de racines, et tous les corps inanimés, fusibles ou non fusibles, qui se forment dans l'intérieur de la terre, devons-nous dire que ces choses qui n'existaient pas d'abord, c'est un autre qu'un dieu créateur qui leur a donné ensuite l'existence ? Ou adopterons-nous la croyance et le langage de la foule ?

Théétète

Quelle croyance ?

L'étranger

Que la nature les fait naître de quelque cause naturelle en dehors de toute pensée créatrice, ou suivant la raison et par une science divine qui vient de Dieu ?

Théétète

Pour moi, sans doute à cause de mon âge, je passe souvent d'une opinion à l'autre ; mais aujourd'hui, en te regardant, je soupçonne que ta conviction à toi, c'est que ces choses sont issues d'une pensée divine, et je le crois comme toi.

L'étranger

C'est bien, Théétète. Si je croyais que tu doives par la suite être de ceux qui pensent autrement, j'essayerais en ce moment de te gagner à mon opinion par le raisonnement et par la force de la persuasion. Mais je vois que ton naturel se porte de lui-même, sans que j'aie besoin d'argumenter, vers ces croyances où tu te sens attiré, dis-tu ; aussi je passe outre, car ce serait perdre le temps. Je poserai seulement que les choses qu'on rapporte à la nature sont les produits d'un art divin et que celles que les hommes composent au moyen d'elles sont les produits d'un art humain, et qu'en conséquence il y a deux genres de production : l'un humain, l'autre divin.

Théétète

C'est juste.

L'étranger

Maintenant partage encore en deux chacun de ces deux genres.

Théétète

Comment ?

L'étranger

Comme tu viens de couper la production entière dans le sens de la largeur, coupe-la à présent dans le sens de la longueur.

Théétète

Soit : c'est fait.

L'étranger

Nous obtenons ainsi quatre parties en tout : deux qui se rapportent à nous et sont humaines, et deux qui se rapportent aux dieux et sont divines.

Théétète

Oui.

L'étranger

Si nous prenons la division dans le premier sens, nous aurons dans chacune des deux sections une partie productrice de réalités, et les deux parties qui restent ne sauraient, je crois, être mieux appelées que productrices d'images, et ainsi la production est de nouveau divisée en deux parties.

Théétète

Explique-moi cette nouvelle division.

L'étranger

Nous-mêmes et les autres animaux, et les éléments des choses naturelles, feu, eau et substances congénères, chacune de ces créatures est, nous le savons, la production et l'œuvre de Dieu. N'est-il pas vrai ?

Théétète

Si.

L'étranger

Mais toutes sont accompagnées de simulacres, qui ne sont pas elles, et qui doivent aussi leur existence à un art divin.

Théétète

Quels simulacres ?

L'étranger

Ceux de nos rêves et toutes les visions qui naissent, dit-on, d'elles-mêmes, en plein jour : l'ombre qui se projette quand le feu est envahi par l'obscurité, et l'apparence que produisent deux lumières, l'une propre à l'œil et l'autre étrangère, quand elles se rencontrent sur une surface brillante et polie et produisent une forme qui fait sur nos sens l'effet inverse de notre vue ordinaire[1].

Théétète

Voilà bien en effet les deux œuvres de la production divine, la chose même et le simulacre qui accompagne chaque chose.

L'étranger

Et notre art à nous ? Ne dirons-nous pas que par l'art de l'architecte il fait la maison réelle et, par celui du peintre, une autre maison, qui est comme un songe de création humaine à l'usage des gens éveillés ?

Théétète

Certainement.

L'étranger

Il en est de même des autres œuvres de notre activité productrice : elles sont doubles et vont par paires, la chose même, disons-nous, due à l'art qui fait des choses réelles, et l'image, due à l'art qui fait des images.

---

1 Cf. *Timée*, 46 a-c : « Quant à l'origine des images produites par les miroirs et par toutes les surfaces brillantes et polies, il n'est plus difficile de s'en rendre compte. C'est de la combinaison des deux feux, intérieur et extérieur, chaque fois que l'un d'eux rencontre la surface polie et subit plusieurs changements, que naissent nécessairement toutes ces images, parce que le feu de la face réfléchie se fond avec le feu de la vue sur la surface polie et brillante. Mais ce qui est à gauche apparaît à droite, parce qu'un contact a lieu entre les parties opposées du courant visuel et les parties opposées de l'objet, contrairement à ce qui se passe d'habitude dans la rencontre. Au contraire, la droite paraît à droite et la gauche à gauche, quand le rayon visuel change de côté, en se fondant avec la lumière avec laquelle il se fond, et cela arrive quand la surface polie des miroirs, se relevant de part et d'autre, renvoie la partie droite du rayon visuel vers la gauche et la gauche vers la droite. Si le miroir est tourné de façon que la courbure soit placée suivant la longueur du visage, il le fait paraître tout entier renversé, parce qu'alors il renvoie le rayon visuel du bas vers le haut et celui du haut vers le bas. »

Théétète

À présent, je comprends mieux, et je pose, pour l'art qui produit, deux formes, dont chacune est double. Je mets la divine et l'humaine dans une section et dans l'autre la production des choses réelles et la création de certaines ressemblances.

L'étranger

L. – Maintenant rappelons-nous que l'art de fabriquer des images devait comprendre deux genres, l'un qui copie, l'autre qui fait des simulacres, s'il était prouvé que le faux est réellement faux et s'il est de nature à avoir sa place parmi les êtres.

Théétète

Il le devait en effet.

L'étranger

Or la preuve est faite ; aussi tiendrons-nous la distinction de ces deux formes pour incontestable.

Théétète

Oui.

L'étranger

Maintenant coupons à son tour l'art des simulacres en deux.

Théétète

Comment ?

L'étranger

D'une part le simulacre se fait au moyen d'instruments ; de l'autre, la personne qui fait le simulacre se prend elle-même comme instrument.

Théétète

Comment dis-tu ?

L'étranger

Lorsqu'un homme, j'imagine, use de sa personne pour faire paraître son attitude semblable à la tienne et sa voix à ta voix, cette partie de l'art de simuler s'appelle généralement mimique, je crois.

Théétète

Oui.

L'étranger

Réservons donc cette partie sous le nom de mimique. Quant

à l'autre, laissons-la tranquillement de côté, sans y toucher, et laissons à d'autres le soin de la ramener à l'unité et de lui assigner une dénomination qui lui convienne.

Théétète

Réservons l'une, laissons l'autre.

L'étranger

Mais cette première partie, Théétète, mérite aussi d'être considérée comme double. Pourquoi ? écoute.

Théétète

Parle.

L'étranger

Parmi ceux qui imitent, les uns le font en connaissant ce qu'ils imitent, d'autres, sans le connaître. Or quelle division pouvons-nous poser qui soit plus complète que celle de l'ignorance et de la connaissance ?

Théétète

Aucune.

L'étranger

Ainsi l'exemple que je viens de citer était une imitation faite par des gens qui savent ; car c'est parce qu'on connaît ta figure et ta personne qu'on peut l'imiter.

Théétète

Sans doute.

L'étranger

Mais que dire de la figure de la justice et de la vertu en général ? N'y a-t-il pas une foule de gens qui ne la connaissent pas, mais s'en forment une opinion quelconque, et mettent toutes leurs forces et leur zèle à faire paraître comme une qualité personnelle ce qu'ils prennent pour la vertu, l'imitant le plus qu'ils peuvent dans leurs actes et dans leurs paroles ?

Théétète

Certainement, et beaucoup.

L'étranger

Eh bien, est-ce que tous échouent à paraître justes sans l'être aucunement, ou est-ce tout le contraire ?

Théétète

C'est tout le contraire.

L'étranger

Il faut donc dire, je pense, que cet imitateur-ci diffère de l'autre, celui qui ne sait pas de celui qui sait.

Théétète

Oui.

L'étranger

LI. – Cela étant, où prendrons-nous un nom qui convienne à chacun d'eux ? Il est évidemment difficile à trouver, parce qu'à l'égard de la division des genres en espèces nos devanciers souffraient d'une vieille paresse inconsciente, au point qu'aucun d'eux n'essaya même de diviser. De là vient nécessairement que nous n'avons pas une grande abondance de noms. Cependant, dût notre expression paraître trop hardie, appelons, pour les distinguer l'une de l'autre, l'imitation basée sur l'opinion, doxomimétique, et celle qui se fonde sur la science, imitation savante.

Théétète

Soit.

L'étranger

Maintenant, c'est de la première qu'il nous faut faire usage ; car le sophiste, nous l'avons vu, n'est point de ceux qui savent, mais de ceux qui imitent.

Théétète

Assurément.

L'étranger

Examinons donc l'imitateur qui s'appuie sur l'opinion, comme nous ferions d'un morceau de fer, pour voir s'il est sain ou s'il n'a pas encore en lui quelque paille.

Théétète

Examinons.

L'étranger

Eh bien, il en a une, une béante même. Car, parmi ces imitateurs, il y a le naïf, qui croit savoir ce dont il n'a qu'une opinion, et l'autre, qui a l'habitude de se vautrer dans les arguments, et qui, par suite, fait, par son attitude, violemment soupçonner et craindre qu'il n'ignore les choses qu'il se donne l'air de connaître devant le public.

Théétète

Ces genres dont tu parles existent certainement tous les deux.

L'étranger

Alors nous appellerons l'un simple imitateur, et l'autre, imitateur ironique.

Théétète

C'est raisonnable en tout cas.

L'étranger

Et le genre dont ce dernier relève, dirons-nous qu'il est unique ou double ?

Théétète

Vois toi-même.

L'étranger

J'examine et je vois nettement deux genres ; dans le premier, je distingue l'homme capable d'exercer son ironie en public, dans de longs discours devant la foule ; et un autre qui, dans le privé, par des discours brefs, contraint son interlocuteur à se contredire lui-même.

Théétète

Ce que tu dis là est très juste.

L'étranger

Et comment désignerons-nous l'homme aux longs discours ? Est-ce un homme d'État ou un orateur populaire ?

Théétète

C'est un orateur populaire.

L'étranger

Et l'autre, comment l'appellerons-nous ? sage ou sophiste ?

Théétète

Sage, c'est impossible, puisque nous avons établi qu'il ne sait point ; mais, comme il imite le sage, il est évident qu'il prendra un nom dérivé du sien, et il me semble bien maintenant que c'est de lui qu'il faut dire : Voilà celui qui est bien réellement le sophiste.

L'étranger

Eh bien, ne ferons-nous pas comme précédemment une chaîne des qualités du sophiste, en tressant les éléments de son nom à partir de la fin jusqu'au commencement ?

Théétète

C'est tout à fait mon avis.

L'étranger

Donc l'espèce imitative de la partie ironique de l'art fondé sur l'opinion, lequel est une partie de l'art de la contradiction et qui appartient au genre imaginatif, lequel se rattache à l'art de produire des images, cette portion, non pas divine, mais humaine, de la production qui se spécialise dans les discours et fabrique des prestiges, voilà, peut-on dire, « la lignée et le sang[1] » dont le véritable sophiste descend, et l'on dira, selon moi, l'exacte vérité.

Théétète

C'est parfaitement juste.

---

1 Les mots entre guillemets sont une citation d'Homère, *Iliade,* VI, 210, où Glaucos répond à Diomède, qui l'interroge sur son origine, qu'il est fils d'Hypolochos, après quoi il ajoute : « Voilà ma naissance et le sang dont je me vante d'être. »

ISBN : 978-3-96787-368-9

CPSIA information can be obtained
at www.ICGtesting.com
Printed in the USA
BVHW031032200220
572901BV00001B/87

9 783967 873689